DUMONT
DIREKT

Breslau

Maria Luft

Inhalt

Das Beste zu Beginn

Breslau am Morgen
Suchen Sie sich bei schönem Wetter frühmorgens eine Bank am Ring und schauen Sie zu, wie die Stadt langsam aufwacht. Noch herrscht kein Gedränge, alles ist wie neu …

Mein Lieblingsblick auf die Stadt
Auch wenn der Sky Tower viel höher und der Aufzug in den 49. Stock bequemer ist – den schönsten Blick auf die Stadt an der Oder und ihre Inseln haben Sie vom Nordturm des Domes. Das Fotomotiv der Stadt am Fluss gibt auch einen wunderbaren Bildschirmschoner für Breslaufans ab!

Sitzen auf Polnisch
Achten Sie auf die Stühle, Bänke und Sessel. In Breslaus Biergärten und Kneipen finden Sie die verrücktesten Sitzgelegenheiten. Sitzen war denn auch 2016 Thema im Kulturhauptstadt-Infopunkt Barbara. Ein Stuhl steht an der Oder beim Teatr Współczesny: Der Regisseur, Maler und Grafiker Tadeusz Kantor hatte ihn 1970 für Breslau entworfen, aber erst 2011 wurde die 8 m hohe Betonskulptur aufgestellt. Nehmen Sie Platz!

Entdeckungsreisen
In Breslau gibt es noch viele außergewöhnlich geschmückte Jugendstilbauten. Von der Fassade des Hauses ul. Prądzyńskiego 13 sendet eine junge Frau Blumengrüße aus einer vergangenen Welt. Ein Viertel im Umbruch ist Nadodrze. Hier verbinden sich historische Bausubstanz und neue architektonische Ideen zur ganz besonderen Breslauer Mischung.

Städtisches Internet
MiejskiInternet@wroclaw.eu: Freien Internetzugang erhalten Sie nicht nur in Hotels und Restaurants, sondern auch an über 130 Punkten in der Stadt, z. B. in der Altstadt, an der Jahrhunderthalle, am Flughafen, auf der Dominsel oder am Hauptbahnhof Wrocław Główny.

Kunst gratis – Muralia

Sie tauchen immer mehr an Breslauer Hauswänden auf: Wenn Sie etwa auf der Vorderbleiche spazierengehen, treffen Sie bestimmt auf das Bild von Blu: Eine Frau mit einem Kleid voller Vorhängeschlösser (die Oder?) verschlingt die dazu passenden Schlüssel. Möchten Sie mehr sehen? Eine Karte aller Muralia erhalten Sie kostenlos in der Galeria BWA (www.bwa.wroc.pl).

Das Buch zur Stadt

Wie wirken sich unsere Lebenserfahrungen auf das Leben unserer Kinder und Enkel aus? Ulrike Draesners »Sieben Sprünge vom Rand der Welt« ist ein aktueller Viergenerationenroman über eine deutsche und eine polnische Familie, deren Dreh- und Angelpunkt Breslau/Wrocław ist – und der siebte Sprung geht direkt ins Internet.

Abendspaziergang

Nehmen Sie sich Zeit für einen Abendspaziergang entlang der Boulevards an der Oder und genießen Sie den Blick rundum auf die Inseln und das Oderufer mit zahlreichen illuminierten historischen Gebäuden. Eine perfekte Kulisse (nicht nur) an warmen Sommerabenden.

Breslauer Zufälle

Das Palais in der ul. Szewska 49 war ab 1811 Polizeipräsidium und wird seit 1945 von der Universität genutzt. Der Altphilologe und Krimiautor Marek Krajewski hatte hier sein Büro – genau wie der Kommissar Eberhard Mock aus seinen Breslau-Krimis über die Zwischenkriegszeit …

Die Lebendigkeit dieser Stadt, die authentische kreative Atmosphäre mag ich besonders. Wann immer Sie nach Breslau kommen, gibt es bestimmt schon wieder viel Neues zu entdecken. Das ist normal, Breslauer Tempo eben … Lassen Sie sich überraschen!

Fragen? Erfahrungen? Ideen?

Ich freue mich auf Post.

Mein Postfach bei DuMont:
m.luft@dumontreise.de

Das ist Breslau

WrocLove

Breslau? Wrocław? Breslau war die amtliche Bezeichnung bis 1945. Nach dem Krieg fand ein kompletter Bevölkerungsaustausch statt: Die deutschen Bewohner mussten die Stadt – nur drei Autostunden von Berlin entfernt – verlassen, polnische Neubreslauer aus den unterschiedlichsten Regionen sich erst aneinander und an ihre neue Heimat gewöhnen. Inzwischen fühlen sie sich hier zu Hause und begegnen ihrer Stadt mit viel Sympathie, Neugier und Engagement. In der Tat haben so viele Menschen verschiedenster Herkunft, Sprache und Religion diesen Ort seit 1000 Jahren geprägt, dass die Stadtgeschichte die heutigen Breslauer immer wieder fasziniert. Liebevoll nennen sie Wrocław auch ›Wrocek‹ oder schreiben ›WrocLove‹ – für Touristen keine schlechte Eselsbrücke für die richtige Aussprache.

Stadt der Begegnung

Gastgeberin für Besucher aus aller Welt ist Breslau gerne, nicht nur während des Kulturhauptstadtjahrs 2016. Immer schon war Schlesien eine Brückenlandschaft zwischen Ost und West, verbunden mit den zentralen europäischen Handelsrouten. Deutsche und polnische, böhmische, habsburgische und jüdische Einflüsse prägten Breslau. Dazu kommen unterschiedliche religiöse Bekenntnisse und Traditionen, die heute in einem Klima der Offenheit wieder neben- und miteinander bestehen – so ist das ehemalige jüdische und heutige Viertel der gegenseitigen Achtung mit seinem spezifischen Klima eine der Attraktionen der Stadt.

Großstadt mit Flair

Breslau ist eine weltoffene, junge Stadt voller Ideen und Energie, außerordentlich schön und der Stolz ihrer Bewohner. Großstädtische Architektur, Altstadtpromenade und weitläufige Parks mit altem Baumbestand, malerische mittelalterliche Gassen und avantgardistische Kaufhäuser im Stil der Moderne bilden die unverwechselbare Breslauer Mischung. Im Sommer findet das Leben auf den Straßen und Plätzen statt, Brunnen und Bänke, Plätze und Passagen laden zum Verweilen, elegante Cafés und Restaurants zum Genießen ein. Ein Festival heißt nicht zufällig ›Wrocław Non Stop‹, und durch die Partypassagen zieht ein junges, feierfreudiges Publikum. Opernspektakel für Tausende von Besuchern aus dem In- und Ausland sind zum Markenzeichen der Stadt geworden.

Happening mit Zwergen

Anfang der 1980er-Jahre beteiligte sich Breslau mit eigenen Initiativen an der Solidarność-Bewegung, hier entstand die ›Alternative in Orange‹ – ihr Motto: »Zwerge aller Länder vereinigt euch«. Die kleinen Wesen erschienen fortan immer wieder im Stadtbild. Sie machten den großen kommunistischen Pomp lächerlich und halfen mit, das Regime zu stürzen! Geblieben ist den Breslauern ihr Sinn für Humor, Kunst und Happenings. Wieviele Zwerge

Vorsicht, Zwerge! In Breslau kommen auch die Kleinsten groß raus.

heute auf den Straßen der Stadt anzutreffen sind, weiß man nicht. Der Stammvater aller Zwergendenkmäler *Papa Krasnal* steht in der Świdnicka-Straße und erinnert an die Zeit der Untergrundbewegung.

Mythos Lemberg

Lange war Breslau nur ein Thema für Vertriebene, ein Ort für ›Heim-wehtouristen‹. Tatsächlich nahmen jene, die durch Flucht oder Vertreibung ihre Heimat verlassen mussten, ›ihr Schlesien‹ mit. So gibt es heute ein Breslau im Bewusstsein und in der Erinnerung der Vorkriegsbewohner, dazu ein anderes der aus Großpolen und den ehemaligen polnischen Ostgebieten, besonders aus Lwów/Lemberg, dem heutigen L'viv in der Ukraine Zugezogenen: Sie prägten das kulturelle Leben der jungen polni-schen Stadt und setzten Lemberger Traditionen fort.

Breslau-Krimis

Breslau ist nicht Chicago, aber mit den Büchern des polnischen Schrift-stellers Marek Krajewski begibt man sich auf eine gruselig-spannende Zeitreise in die Breslauer Zwischenkriegszeit: In seinen Romanen, einer Mischung aus Krimi und Psychothriller, ermittelt Kommissar Mock, auf dessen Spuren Krimifans heute in der Stadt die Tatorte lange zurückliegen-der Morde und erfolgreicher Ermittlungen erkunden. Angefangen hat für Krajewski alles mit einem alten Breslauer Adressbuch. Unter seiner eigenen Adresse fand er den Namen eines deutschen Schlossers – der gemeinsame Ort, die Brücke über Zeiten, Sprachen und Kulturen war gefunden. Nach dem ersten Krimi »Śmierć w Breslau« (dt. »Tod in Breslau«) erschienen noch fünf weitere, übersetzt in 14 Sprachen. Perfekt: Setzen Sie sich zum Schmökern in das Krimi-Café Speakeasy am Ring (▶ S. 106) und runden Sie die Lektüre mit einer Bloody Mary ab.

Breslau in Zahlen

4

Konzertsäle gibt es im neuen Nationalen Musikforum (NFM) – der größte fasst 1800 Zuschauer. Das Gebäude erstreckt sich über sechs überirdische und drei unterirdische Stockwerke.

10

Nobelpreisträger sind mit Breslau durch Geburt, Studium oder Wirken verbunden.

35

° C im Sommer bis minus 21° C im Winter: Die Temperaturen unterscheiden sich deutlich.

50

und mehr Namen hatte die Stadt im Laufe ihrer Geschichte.

100

Porträts am Kaufhaus Renoma zeigen Menschen aus der ganzen Welt.

112

Brücken verbinden die Breslauer Stadtteile.

212

m hoch ist der Sky Tower, das höchste Gebäude in Polen.

15

Mio. l Wasser fassen die Aquarien des Afrykariums.

7411
Gitarristen spielten beim Thanks Jimi Festival 2018 und stellten damit einen neuen Rekord auf.

42 771
Zuschauer fasst das anlässlich der Fußball-EM 2012 erbaute Stadion.

140 000
Studierende prägen das junge Gesicht der Stadt.

350
km entfernt liegt Berlin (Warschau 340 km, Prag 290 km, Wien 400 km).

350
Kilometer Radwege gibt es inzwischen in Breslau, der polnischen Radfahrer-Hochburg.

352
Einträge verzeichnet die Zwergen-Homepage www.krasnale.pl.

Was ist wo?

»Dobry wieczór we Wrocławiu, guten Abend in Breslau«, begrüßt Sie ein Neonschriftzug, wenn Sie aus dem Hauptbahnhof auf den Vorplatz treten. Von hier aus gelangen Sie schnell in das historische Zentrum. Auch vom neuen Kopernikus-Flughafen im Westen sind Sie mit Bus oder Taxi schnell am Ring (Rynek) und in der Altstadt (Stare Miasto). Eindrucksvoll ist der Rundblick vom Turm der Elisabethkirche: Sie sehen auf dem linken Ufer die Altstadt mit Ring, Rathaus und Universität, die vielen roten Dächer und bunten Marquisen der Cafés und Restaurants, die Oder mit Sand- und Dominsel und weitere Teile der Innenstadt auf dem rechten Oderufer.

Altstadt

Im historischen Zentrum an der Oder konzentrieren sich viele der wichtigsten Bauwerke und Sehenswürdigkeiten aus allen Epochen. Während die erste Bebauung Breslaus um das Jahr 1000 auf der Dominsel mitten im Fluss erfolgte, entstand im 13. Jh. am linken Oderufer rund um **Rathaus** und **Ring** (⛶ Karte 3) die Stadt, auf die der heutige Bezirk Stare Miasto (Altstadt) zurückgeht. Sie wurde mit rechtwinkligen Straßen schachbrettartig angelegt. Später war die Altstadt von einem Stadtgraben umgeben, wie es noch auf historischen Stadtplänen und -ansichten zu sehen ist. Die Grundstruktur ist bis heute erhalten, die **Altstadtpromenade** (⛶ Karte 2, aA–aC 3/4) führt am Stadtgraben entlang. Als Anfang des 19. Jh. die französischen Heere Wehrmauern, Befestigungen und Bastionen einebneten, kamen die Schweidnitzer und die Nikolai-Vorstadt zu Breslau, die Oderregulierung und neue Brücken ermöglichten eine weitere Stadtausdehnung.

Über ein gut ausgebautes Netz an Bahn- und Busanschlüssen ist die Altstadt heute problemlos erreichbar, was das Einkaufen in ihren Fußgängerzonen attraktiv macht. In der Nähe des Rings liegt auch das ehemalige jüdische und heutige **Viertel der gegenseitigen Achtung** (⛶ Karte 2, aA/aB 2/3), das sich zu einem Touristenmagneten entwickelt hat.

Innenstadt

Nördlich der Altstadt schließt sich der zweite für Besucher interessante Stadtbezirk, Śródmieście, die Innenstadt, an. Zu ihm gehören die **Dominsel** (⛶ Karte 2, aC–aE 1/2), die Odervorstadt und der Grunwaldzki-Platz mit der Technischen Universität auf dem rechten Oderufer. In dem heutigen Wohn- und Geschäftsviertel haben sich noch ganze Straßenzüge aus dem 19. Jh. erhalten, die im Zuge von Restaurierungen und Rekonstruktionen wieder an Attraktivität gewonnen haben. Die **Odervorstadt** könnte in Kürze zu einem angesagten Viertel mit Cafés, Galerien und interessanter Kulturszene avancieren. Auch Stadtteile wie **Biskupin** (Bischofswalde), **Bartoszowice** (Bartheln) oder **Zacisze** (Wilhelmsruh) und **Zalesie** (Leerbeutel) weiter östlich gehören mit ihren vornehmen Villenvierteln noch zum Innenstadtbezirk. Mit dem Scheitniger Park, dem Zoo, Sportstätten und der **Jahrhunderthalle** (⛶ J/K 3/4) sind sie Naherholungsgebiete der Breslauer.

Fabryczna

Der westliche, größte Stadtbezirk Fabryczna zwischen Innenstadt und Flughafen ist seit jeher von Industrie geprägt. Heute kommen Technologieparks, Bürogebäude und Einkaufszentren hinzu. Hier wohnen die meisten Breslauer. Anziehungspunkt ist seit der Fußball-europameisterschaft 2012 das **Stadion** (📖 B 1) in Maślice, das auch für große Konzertveranstaltungen genutzt wird. In der Nähe des Stadions entsteht im Rahmen des Kulturhauptstadtprogramms Breslau 2016 die Siedlung **Nowe Żerniki** (http://nowezerniki.pl), eine Art Mustersiedlung zeitgenössischer Architektur mit Wohn- und Geschäftszentren und kulturellen Einrichtungen, ähnlich wie es 1929 die WuWA in der Nähe der Jahrhunderthalle war. Im Westen Breslaus liegt der **Betriebshof der Städtischen Verkehrsbetriebe MPK,** der 1980 historische Bedeutung erlangte, als hier das erste niederschlesische Solidarność-Streikkomitee gegründet wurde, heute ein Ausstellungsgelände zur Breslauer neuesten Geschichte.

Krzyki (Krietern)

Die beliebte und ruhige Wohngegend Krzyki südlich der Altstadt und des Bahnhofs hatte stark unter den Zerstörungen des Zweiten Weltkriegs zu leiden. Die leeren Flächen wurden zum Teil mit Plattenbausiedlungen bebaut. Ein neues südliches Zentrum ist im Entstehen begriffen. Unübersehbar ist der neue **Sky Tower** (📖 F 5), der höchste Wolkenkratzer der Stadt, mit Wohn-, Büro- und Geschäftsräumen und dem besten Panoramablick vom 49. Stock auf die Stadt. Mittlerweile ist Breslau im Süden bis an die Autobahn A 4 herangewachsen.

Psie Pole (Hundsfeld)

Der Name des nordöstlichen Stadtbezirks (📖 Karte 4, B 1) zwischen Oder und Weide (Widawa) erinnert an das Schlachtfeld, auf dem 1109 das Heer des deutschen Kaisers Heinrich V. der polnischen Armee unter König Bolesław III. unterlag. Hier verlaufen die Fernverkehrsstraßen Richtung Posen und Warschau, auch die neue Autobahnumgehung A 8.

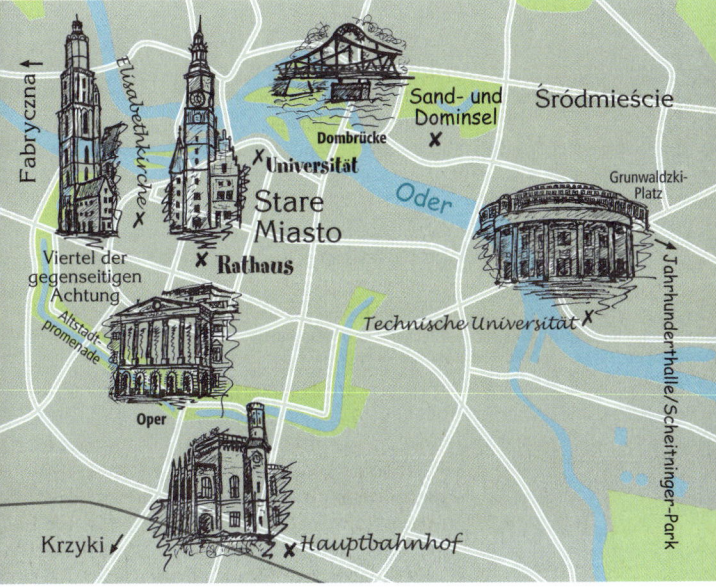

Augenblicke

Breslau live!

Die Stadt ist jung und unternehmungslustig – kein Wunder, dass hier gerne und ausgelassen gefeiert wird. Für jeden Geschmack gibt es in Breslau das passende Festival oder Event, rund ums Jahr: von Klassik bis Ethno-Jazz, von Street-Art über Design bis zu Mega-Opern open air. Zu Recht trug Breslau 2016 ein Jahr lang den Titel ›Kulturhauptstadt Europas‹ – und fühlt sich auch jetzt noch so. Mit Vorliebe wählen die Breslauer ungewöhnliche Orte für Veranstaltungen, kombinieren Alt und Neu, kreieren Eigenes.

Brücken bauen

Breslau ohne Oder, ohne Brücken – unvorstellbar! Der Fluss ist die Lebensader der Stadt. 1997 wurde er zur Gefahr, doch der Kampf gegen die Oderflut schweißte die Breslauer zusammen, gemeinsam bauten sie Zerstörtes neu, retteten das Kulturerbe – ihre Brücke in die Geschichte. An der Oder und ihren Nebenflüssen zu leben bedeutet aber auch, Verbindungen untereinander zu schaffen, mit Kreativität, Kultur, Kunst. Und Brücken zu den Nachbarn in Europa zu bauen – versöhnlich, offen, gastfreundlich.

Aufbruchstimmung

In Breslau schläft nur noch der geizige Riese des italieni-
schen Urban-Art-Künstlers Blu an seiner Hauswand und hält
Geldscheine und Juwelen fest. Manchmal leuchten nachts
seine Fenster-Augen auf … Dank engagierter Bewohner,
die sich gemeinsam für ihren Stadtteil einsetzen, erwachen
Hinterhöfe und ehemalige Fabrikgebäude, Straßenzüge und
Parks zu neuem Leben. Historische Bausubstanz und neue
Street-Art, Aufbruchstimmung und kreative Initiativen – in
Stadtteilen wie Nadodrze hat die Zukunft begonnen.

Ihr Breslau-Kompass

#2
Wahrzeichen und
politische Mitte –
das Rathaus

#3
Grüne Oasen an
historischem Ort –
Sand- und Dominsel

Giebelstolz und Kellerglück

HIER
FING

ALLES
AN

#1
Im Herzen
Breslaus – **rund um
Ring und Salzring**

Auf
die
PLÄTZE!

WOMIT FANGE ICH AN?

LEBENSADER RAUF
ODER RUNTER?

#15
Das Venedig Polens –
Oderpartie

PIONIERLEISTUNG
DER EXTRAKLASSE

schweigen und
erinnern ...

#14
Monumental,
multimedial – **die
Jahrhunderthalle**

Panoram
für de
polnische
FREIHEITS-
KAMPF

#13
Wider das Vergessen –
**der Alte Jüdische
Friedhof**

#12
Museen im Grünen –
**rund um den Juliusz-
Słowacki-Park**

3
2
1
15
14
13
12

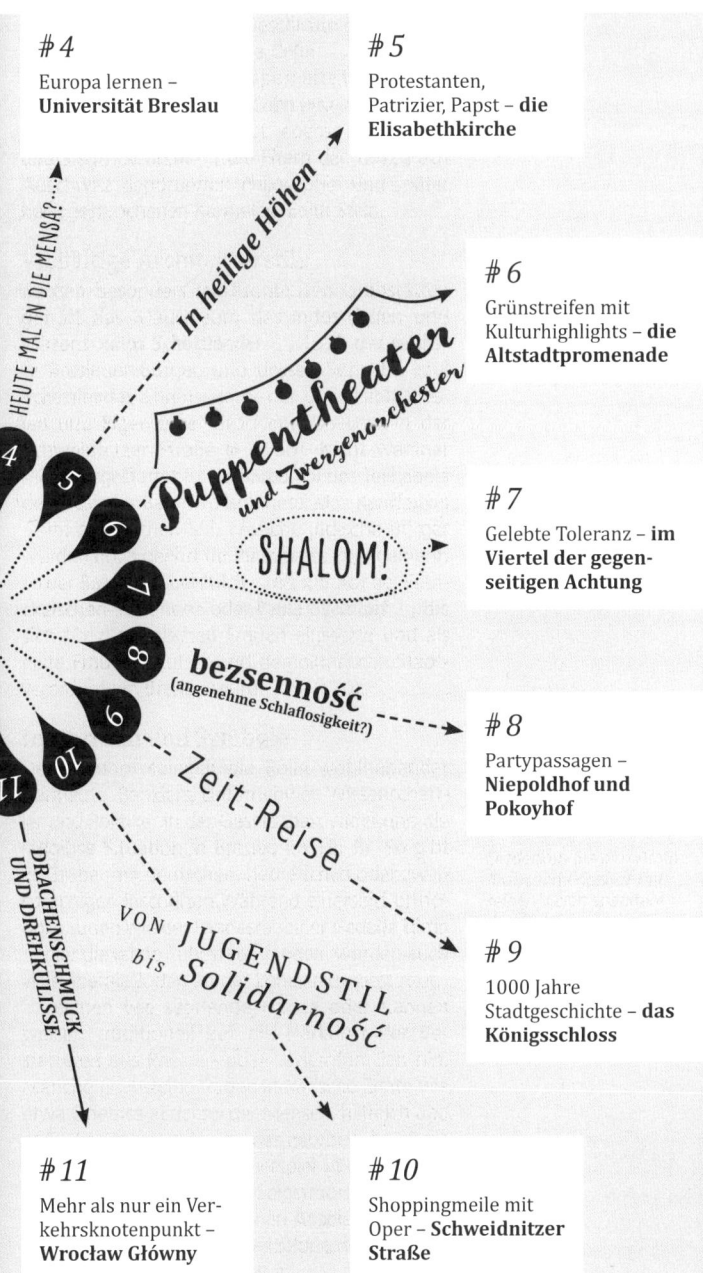

#4

Europa lernen –
Universität Breslau

#5

Protestanten,
Patrizier, Papst – **die
Elisabethkirche**

HEUTE MAL IN DIE MENSA?...

In heilige Höhen

#6

Grünstreifen mit
Kulturhighlights – **die
Altstadtpromenade**

Puppentheater
und Zwergenorchester

SHALOM!

#7

Gelebte Toleranz – **im
Viertel der gegen-
seitigen Achtung**

bezsenność
(angenehme Schlaflosigkeit?)

#8

Partypassagen –
**Niepoldhof und
Pokoyhof**

Zeit-Reise

DRACHENSCHMUCK
UND DREHKULISSE

VON JUGENDSTIL
bis Solidarność

#9

1000 Jahre
Stadtgeschichte – **das
Königsschloss**

#11

Mehr als nur ein Ver-
kehrsknotenpunkt –
Wrocław Główny

#10

Shoppingmeile mit
Oper – **Schweidnitzer
Straße**

Im Herzen Breslaus – rund um Ring und Salzring

Nicht nur Liebespaare treffen sich beim Denkmal von Aleksander Graf Fredro am Ring. Seit der ›polnische Molière‹ 1956 aus Lemberg nach Breslau gebracht wurde, sitzt er im Zentrum eines lebhaften Geschehens. Musiker und Pantomimen, Clowns und Artisten, Luftballonverkäufer und skurrile Spaßmacher belustigen ein bunt gemischtes Publikum rund um das Rathaus.

Lassen Sie sich einfangen vom bunten Treiben auf dem Ring!

Schon fast 800 Jahre schlägt hier am Ring (Rynek) das Herz der Stadt. Mit 175 x 208 m ist er einer der größten mittelalterlichen Marktplätze Europas, umgeben von kunstvoll restaurierten Häusern aller Stilrichtungen mit Cafés und Biergärten, Restaurants und Bars. Auch das alljährliche

Stadtfest am 24. Juni, Festivals und Silvesterfeiern finden hier statt. Auf dem südlich angrenzenden Salzring (Plac Solny) geht es gemächlicher zu, hier haben Blumenverkäufer ihre Marktstände. Der autofreie Platz zu Füßen des **Denkmals von Aleksander Graf Fredro**  (1798–1876) ist fest in der Hand von Fußgängern, Fiakern, kleinen Elektroautos und Rikschas. Abends wird es besonders stimmungsvoll: Rathaus, Ring und umliegende Kirchen erstrahlen im Scheinwerferlicht.

Mittelalterlicher Handelsplatz

Der Ring wurde schon im 13. Jh. angelegt. Altstadtgassen wie die ul. Świdnicka (Schweidnitzer Straße), św. Mikołaja (Nikolaistraße), Ruska (Reuschestraße), Wita Stwosza (Albrechtstraße) oder Kuźnicza (Schmiedebrücke) münden in den großen Platz. An der Kreuzung der Bernsteinstraße von der Ostsee zur Adria und der Via Regia (Hohe Straße) zwischen Paris und Kiew gelegen, war Breslau seit dem Mittelalter ein wichtiges Handelszentrum. Verkauften die Händler ihre Töpfer-, Eisen- und Tuchwaren anfangs noch in den kleinen Kramläden am Rathaus, so dehnte sich das geschäftige Treiben bald auf den gesamten Ring und den benachbarten Salzring aus. Heute werden rund um den Ring Souvenirs und Kunsthandwerk, darunter auch Bunzlauer Keramik, angeboten.

Prunkvolle Patrizierhäuser

Die repräsentativen Häuser der Breslauer Patrizier am Ring waren nicht nur Lager- und Handelsräume, sondern stellten auch den Reichtum ihrer Besitzer zur Schau. Sie wurden nach den Zerstörungen im Zweiten Weltkrieg rekonstruiert. Die vier Seiten des Rings und viele Häuser tragen Namen, die auf architektonische und dekorative Besonderheiten oder ihre Geschichte zurückgehen.

Sieben-Kurfürsten-Seite

Beim Flanieren über den großen Platz entdecken Sie aus der Nähe Details: die italienischen Sgraffiti am **Haus zu den Sieben Kurfürsten** [2] (Nr. 8), das der westlichen Seite des Rings (ursprünglich Wollmarkt) ihren Namen gab, oder eine blaue Sonne am **Haus Nr. 7** [3]. Im **Haus zur Goldenen Sonne** [4] (Nr. 6) wurde ein modernes Museum für die Handschrift

Falls hier jemand eine Feder lässt, ist das nicht die Taube sondern der Graf. Aleksander Graf Fredro schrieb seine Komödien nämlich mit der Feder. Sollte er gerade keine in der Hand halten, wenn Sie ihn besuchen, dann hat wieder mal jemand eine Wette gewonnen und die begehrte Trophäe ergattert … Aber keine Angst – es war nur eine Nachbildung, die ›echte‹ Feder liegt wohlbehalten im Museum.

des polnischen Nationalepos' »Pan Tadeusz« von Adam Mickiewicz eingerichtet. Einen eigenen Namen trägt auch das **Haus zu den Greifen 5** (Nr. 2) vom Ende des 16. Jh., das mit elf, zum Teil unterirdischen Stockwerken noch heute das größte Patrizierhaus der Stadt ist. In den Kellergewölben des

TOURISTENINFORMATION

Centrum Informacji Turystyznej i Kulturalnej: Rynek 14, T 071 344 31 11, www.wroclaw-info.pl, tgl. 9–19 Uhr

KULINARISCHES FÜR ZWISCHENDURCH

So viele Cafés und Restaurants rund um Ring und Salzring – das macht die Auswahl nicht leicht. Graf Fredro würde wahrscheinlich die traditionelle Lemberger Küche im Restaurant **Karczma Lwowska 1** (Rynek 4, T 071 343 98 87, tgl. ab 11 Uhr, ▶ S. 95) empfehlen. In der **Pierogarnia 2** (Rynek 26, T 071 344 14 15, tgl. 11–23 Uhr) können Sie Piroggen in über 40 Variationen in rustikalem Ambiente probieren. Von früh bis spät ist das **Bernard 3** (Rynek 35, T 071 344 10 54, www.bernard.wroclaw.pl, tgl. ab 10.30 Uhr) mit mährischem Bier vom Fass zu leckeren Speisen eine gute Adresse. Das

beste Eis, einen guten Espresso und köstliche Snacks gibt es am Ring im **Amorinio 4** (Rynek/Ecke Wita Stwosza 1/2, T 071 346 29 44, So–Do 9–22, Fr–Sa 9–23 Uhr).

ZU JEDER TAGESZEIT DAS RICHTIGE

Das **P2 Dinner & Bar 1** (pl. Solny 2/3, T 071 345 85 10, wwwp2.wroclaw.pl, tgl. ab 12 Uhr) passt für jeden Anlass und jede Anzahl von Gästen und ist Restaurant, Café und Bar in einem. Es bietet gehobene europäische Küche in angenehmer Atmosphäre.

BRESLAUER KUNST ALS MITBRINGSEL

Arbeiten von Künstlern der Breslauer Kunstakademie finden Sie in der **Galeria Sztuki Socato 1** am Salzring (pl. Solny 11, T 06 97 82 25 18, www.socato.pl, Di–Fr 11–18, Sa 11–15 Uhr).

Cityplan: Karte 2, aB/aC 2/3 | **Tram:** 0, 3, 4, 5, 6, 7, 10, 14, 23, 24, 31, 32, 33 Rynek

Am Salzring treffen Sie meist Luftballon-verkäufer an, häufig Taxis, immer aber die Blumenhändler.

Restaurants Pod Gryfami sitzt es sich gemütlich bei polnischen Spezialitäten (▸ S. 96). Der Giebel ist mit Greifenreliefs verziert.

Naschmarkt-, Grüne-Röhr- und Goldener-Becher-Seite

Auf der nördlichen Seite des Rynek, der Naschmarkt-Seite, fällt der goldene Hirsch am Eingang der **einstigen Apotheke** 6 (Nr. 44) auf. Als letztes wurde 1993 das **Haus zum Goldenen Hund** 7 (Nr. 41) auf der östlichen Grüne-Röhr-Seite rekonstruiert. An ihrem anderen Ende steht das **ehemalige Handelshaus der Gebrüder Barasch** 8 (Nr. 31/32, Feniks) von 1904.

Auf der südlichen Ringseite, benannt nach dem **Haus zum Goldenen Becher** 9 (Nr. 26), hat sich die Tourismuszentrale in Haus Nr. 14 eingerichtet. Gegenüber an der Ecke steht das **Haus der ehemaligen Sparkasse** 10 (Rynek 9/11 und pl. Solny 1) von Heinrich Rump von 1930/31. Im Eingang des Bankgebäudes zeigen Reliefs im ägyptischen Stil Szenen aus dem Wirtschaftsleben.

Bunter Blumenmarkt nonstop

Die **Mohrenapotheke** 11 (Nr. 2/3) von Adolf Rading an der Nordseite des Salzrings, heute Sitz der Breslauer Redaktion der Tageszeitung Gazeta Wyborcza, war Mitte der 1920er-Jahre eines der ersten modernen Häuser im Zentrum der Stadt.

Am Salzring (pl. Solny) mit der **Alten Börse** 12 (Dawna Giełda, Nr. 16) von Carl Ferdinand Langhans haben die Blumenhändler ihre Stände das ganze Jahr über rund um die Uhr aufgebaut – Graf Fredro hat auch das im Blick …

Links vom Eingang des Hauses der ehemaligen Sparkasse ist direkt an der Station 6011 des Stadtfahrradverleihs ein Geldautomat für Zwerge angebracht, an dem die kleinsten Breslauer gerne ihre Geldgeschäfte erledigen.

2

Wahrzeichen und politische Mitte –
das Rathaus

Das spätgotische Rathaus in der Mitte des Rings ist eines der Wahrzeichen der Stadt. Es steht für Stolz und Tradition, Unabhängigkeit, Macht und Reichtum der Bürger. Gastlich geht es seit Jahrhunderten unterhalb der offiziellen Hallen im legendären Schweidnitzer Keller zu.

Altes Rathaus, junge Stadt – in Breslau finden besonders junge Menschen die multikulturellen Einflüsse auf die Entwicklung ihrer Stadt spannend.

In der Mitte des Rings entstand zwischen Ende des 13. und Mitte des 16. Jh. das Alte Rathaus. An der Stelle ehemaliger Markthallen kam in der zweiten Hälfte des 19. Jh. der angrenzende Flügel des Neuen Rathauses hinzu, in dem die Stadtverwaltung ihre Fäden zieht. Zum Rathauskomplex gehören auch mehrere Gassen mit Läden, Restaurants, Wohnungen und Büros.

Breslauer Markenzeichen

Das **Alte Rathaus** ■ (Stary Ratusz) betreten Sie von der Westseite beim Fredro-Denkmal. Hier ist vor dem Eingang das historische Stadtwappen von 1530 im Pflaster eingelassen. Die National-sozialisten hatten es abgeschafft, erst 1990 wurde es wieder eingeführt, als die Breslauer wieder die Möglichkeit hatten, sich mit der vielfältigen Geschichte ihrer Stadt zu identifizieren. Ebenfalls vor dem Eingang bringt ein Bronzemodell des Gebäudes mit Erläuterungen in Brailleschrift blinden Besuchern das Rathaus näher.

Ob Postkarte oder Kupferstich: Ansichten von Breslau zeigen sehr häufig die repräsentative Ost-fassade des Rathauses mit astronomischer Uhr, Giebel und zahlreichen Zierfialen. Das Wahr-zeichen ist so charakteristisch, dass Giebel und Fialen auch im modernen Breslauer Stadtlogo stilisiert auftreten.

Fliegende Händler bieten Gemälde und Kunsthandwerk am Rathaus zum Kauf an. Aber immer mit der Ruhe – ein Sonnenbad ist für den Verkäufer immer drin

Büsten berühmter Bürger

Im Alten Rathaus ist heute das **Museum der Kunst des Bürgertums** (Muzeum Sztuki Mieszczańskiej) untergebracht. In der Eingangshalle, einem der ältesten Teile des Hauses, sind die Büsten be-rühmter Breslauer Persönlichkeiten ausgestellt: Dichter wie Joseph von Eichendorff oder Karl von Holtei, Künstler wie Adolph von Menzel oder Eugeniusz Geppert, Nobelpreisträger wie Max Born und Friedrich Bergius und die Heiligen Hedwig und Edith Stein gehören dazu.

Repräsentative gotische Säle

Zu besichtigen ist auch das obere Stockwerk, in dem sich Bürger-, Gerichts- und Großer Saal sowie der Fürstensaal befinden, in dem der Preu-ßenkönig Friedrich II. den schlesischen Ständen und der Stadt 1741 den Eid abnahm. Die Kreuz-rippengewölbe, die reich geschmückten Portale, die Steinskulpturen, die bunten Glasfenster, die Gemälde mit Stadtansichten sind an sich schon sehenswert, aber es sind auch Prachthumpen, Pokale, Weinkannen, Apostellöffel und andere Silber- und Goldschmiedearbeiten aus Breslau-er Werkstätten zu bewundern. Die Säle waren Schauplatz der Stadtgeschichte und geben auch bei Konzerten und anderen Veranstaltungen ei-nen prachtvollen Rahmen.

An historischer Stelle wurde vor der Ostfas-sade eine Nachbildung des Prangers aufgestellt. Die Figur auf der Spitze zeigt den Scharfrichter mit einer Rute. ›Am Pranger‹ steht hier natürlich niemand mehr, im Gegenteil: Der Pranger *(pręgierz)* ist ein beliebter Treffpunkt bei Einheimischen und Touristen.

Tafeln im Kellergewölbe

Rathaus

Die Südfassade des Rathauses schmücken Sandsteinfiguren aus der Breslauer Geschichte: Stadtwächter, Schöffe, Stadtrat, Kaufmann, Mönch, Bürgerin, Patrizier. Auf dieser Seite liegt auch der Eingang in den berühmten **Schweidnitzer Keller ❶** (Piwnica Świdnicka): Wer ihn nicht besucht hat – so heißt es –, sei nicht in Breslau gewesen. Die älteste Gaststätte der Stadt gab es schon im 15. Jh. Eine zweisprachige Tafel im Eingang zählt die berühmtesten Gäste auf, darunter Goethe und Chopin. Im Schweidnitzer Keller wird helles Bockbier serviert. Es knüpft an die jahrhundertealte Tradition des Breslauer Schöps an, das im 16. Jh. das Schweidnitzer Bier verdrängte, nach dem der Keller benannt ist.

INFOS/ÖFFNUNGSZEITEN

Altes Rathaus ❶: Museum der Kunst des Bürgertums, T 077 13 47 16 93, www.mmw.pl, Di–Sa 11–17, So 10–18 Uhr, 2,50/1,75 €
Jerzy-Grotowski-Institut ❷: Rynek-Ratusz 27, T 071 344 53 20, www.grotowski-institute.art.pl

---

KULINARISCHES FÜR ZWISCHENDURCH

Schweidnitzer Keller ❶: im Rathaus, T 07 89 09 16 86, http://strona.piwnica swidnicka.com, Mo–Fr 12–24, Sa bis 1 Uhr, Gerichte um 15 €.
Polnische Spezialitäten serviert das **Pod Fredrą ❷** (T 071 341 13 35, www.podfredra.pl, Gerichte ab 6 €, tgl. ab 11 Uhr), Gefrorenes der Eisladen **Lody Barton ❸** (ul. Sukiennice 3/4, T 071 342 03 02, tgl. 10–21 Uhr), Kuchen und Kunsthandwerk das **Solo Art-Café ❹** (ul. Przejście Garncarskie 8, www.soloartcafe.pl, T 06 05 56 99 82, So/Mo 12–20, Di–Do 11–22, Fr 11–23, Sa 12–22 Uhr).
Kulinarisches mit Livemusik verbindet das Restaurant **Pod Papugami** ✳ (▶ S. 108).

BRESLAU-BÜCHER ZUM SCHMÖKERN

Viel Literatur über Breslau, auch deutschsprachige, hält die Buchhandlung **Tajne Komplety** 🛈 (ul. Przejście Garncarskie 2, T 071 714 23 80, Mo–Fr 9–20, Sa 10–20, So 10–18 Uhr) bereit. »Bei uns ist Lesen nicht strafbar!« heißt es auf einem Plakat des Buchladens, dessen Name an den geheimen Unterricht der Untergrund-Universität während der Nazi-Okkupation erinnert. Bei Kaffee oder Tee können Sie lesend in den Sofas versinken …

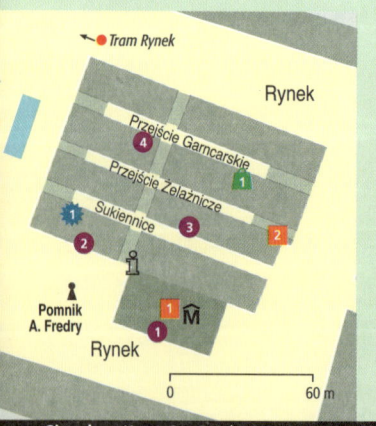

Cityplan: Karte 3, aB 2 | **Tram** 0, 3, 4, 5, 6, 7, 10, 14, 23, 24, 31, 32, 33 Rynek

Die unterirdischen Kellergewölbe tragen traditionelle Namen, wie Bauern-, Schöffen- und Hanse- oder Ratsherrensaal. Im Fürstensaal befindet sich unter gotischen Kreuzrippengewölben eine Bar. Für ein romantisches Abendessen bei Kerzenschein eignet sich der exklusive Schankraum mit Wandmalereien, die an Gobelins erinnern. Besonders angenehm sitzt es sich heute im sogenannten Loch, dem früheren Gefängnis, in das die Gefangenen einst durch eine Öffnung in der Decke geworfen wurden. Heute können hier bis zu zehn Personen tafeln, der Zugang ist absolut freiwillig und schmerzfrei!

Garantiert frisch: Probieren Sie die Varianten des beliebten Spiż-Biers, das im Untergeschoss des Rathauses gebraut und serviert wird. In den großen Brauhaussälen mit Kupferkesseln finden auch Gruppen einen Platz – im Sommer auch draußen an den großen Biertischen am Fredro-Denkmal.

Verstecktes Theaterlaboratorium

Das **Jerzy-Grotowski-Institut** (Instytut im. Jerzego Grotowskiego) geht seiner Bestimmung nach an historischer Stelle, am Sitz des Theaters Laboratorium von Jerzy Grotowski (1933–99), der einer der bedeutendsten polnischen Theaterregisseure und -theoretiker war. In den 1960er-Jahren revolutionierte er das Theater. Mit dem Laboratorium versuchte er, seine radikalen Thesen von einem ›armen‹, einem von allen Fesseln befreiten Theater, umzusetzen – ohne Schminke, Kostüme, Bühnenbild und Beleuchtung. An Grotowski und seiner Arbeitsweise interessierte Schauspieler und Wissenschaftler kommen aus der ganzen Welt zu Aufführungen, Vorträgen und Forschungsaufenthalten nach Breslau.

R
ROLAND

1387 wurde Breslau in den Städtebund der **Hanse** aufgenommen. Vor dem gotischen Portal auf der Ostseite sehen Sie ein Relief, das wie in anderen Hansestädten den Ritter Roland zeigt.

3

Grüne Oasen an historischem Ort – Sand- und Dominsel

Über die Sandinsel lässt sich die Oder bequem überqueren – schon die mittelalterliche Bernsteinstraße nahm hier ihren Weg über den Fluss. Die Dominsel lädt mit Gärten und Grün, gotischen Kirchen, Gaslaternen und malerischen Gassen zu einem romantischen Spaziergang ein. Tausend Jahre Geschichte verdichten sich hier, wo die Inselstadt ihren Anfang nahm.

Die Friedensbrücke (Most Pokoju) und die Dominsel sind gelegentlich auch Bühne für Installationen und Happenings.

Auf der Sandinsel (Wyspa Piaskowa) nutzt die Universität heute das ehemalige **Kloster der Augustiner-Chorherren** [1]. Gegenüber liegt die Annenkirche, die heutige orthodoxe **Kirche der hll. Kyrill und Methodius** [2] (Kościół św. św. Cyryla i

Metodego). Namengebend für die Insel war die gotische **Kirche Maria auf dem Sande** 3 (Kościół NMP na Piasku), deren rekonstruiertes Mittelschiff ein Sterngewölbe schmückt. Sie erhielt ihre gotische Gestalt aber erst nach dem Zweiten Weltkrieg wieder. Bis 1945 besaß sie eine Barockausstattung mit einer wertvollen Orgel und Altären sowie Gemälden des schlesischen Barockmalers Michael Willmann. Alles brannte komplett nieder. Die heutige Innenausstattung stammt aus im Krieg zerstörten schlesischen Kirchen und dem Erzdiözesanmuseum. Einer der wenigen original erhaltenen Gegenstände ist das gotische Taufbecken.

Genießen Sie zum Abschluss der Tour das wohltuende Grün im Botanischen Garten. Eine Holzbrücke überspannt den Teich, der einen letzten Rest eines alten Oderarms darstellt.

Vor der Kirche erinnert seit einigen Jahren eine überlebensgroße **Statue** mit Friedenstaube an **Kardinal Bolesław Kominek** 4, einen Wegbereiter der deutsch-polnischen Verständigung nach dem Zweiten Weltkrieg. »Wir vergeben und bitten um Vergebung« steht darunter in beiden Sprachen – ein Zitat aus dem Brief der polnischen Bischöfe an ihre deutschen Amtsbrüder von 1965, das Kominek zugeschrieben wird (▶ S. 82).

Über die Dombrücke in den ›Breslauer Vatikan‹

Auf die Dominsel (Ostrów Tumski) gelangt man von der Sandinsel aus über die **Dombrücke** 5 (Most Tumski). Diese hatte früher handfeste juristische Bedeutung, verlief hier doch die Grenze zwischen der Stadt und dem Inselterritorium des Bischofs. Mit den Figuren der Heiligen Hedwig und Johannes ist sie bei Tag und – angestrahlt – bei Nacht ein beliebtes Fotomotiv. Heute ist sie auch als Brücke der Verliebten bekannt, auf der viele Paare ihre Liebe auf ›ewig‹ mit Liebesschlössern besiegeln. Die Schlüssel zu den oft gravierten Vorhängeschlössern werfen die Liebespaare hier genau wie vielerorts in Europa von der Brücke in den Fluss …

Dombrücke

Auf der Dominsel wechselte die Sprache im Verlauf von 1000 Jahren von Polnisch zu Deutsch und seit 1945 wieder zu Polnisch. Aber in Bezug auf ihren Glauben blieb die Insel mit Kirchen, Kurie und Klöstern konstant katholisch, während viele andere Breslauer Kirchen am linken Oderufer im Zuge der Reformation evangelisch wurden.

Auf dem Weg zur Dominsel erklingen romantische Melodien – passend zur Dombrücke mit ihren Liebesschlössern, der abendlichen Illuminierung der historischen Gebäude an der Oder und dem gemächlichen Tempo auf den Inseln.

Die **Kugel** auf dem Klößeltor stellt der Legende nach einen schlesischen Kloß dar: Ein allerletzter Kloß sollte immer in der Schüssel eines Mannes zurückbleiben, um ihm auch nach dem Tod der Ehefrau seine Lieblingsspeise zu garantieren. Doch als der hungrige Witwer einmal auch den letzten Kloß verspeisen wollte, rollte dieser davon und versteinerte.

Zu den historischen Wurzeln der Stadt

Eine Insel bietet gute Verteidigungsmöglichkeiten. Das müssen sich auch die slawischen Ślężanen gedacht haben, als sie sich um 900 auf der heutigen Dominsel niederließen. Im Jahr 1000 begründete Kaiser Otto III. im ›Akt von Gnesen‹ den ersten Bischofssitz im schlesisch-piastischen Wrotizla und damit die nunmehr über tausendjährige Geschichte des Bistums und der Stadt. Auf der Dominsel liegen die ältesten erhaltenen Breslauer Kirchen. Die bedeutendste neben dem Dom ist die **Kreuzkirche** 6 (Kościół św. Krzyża). Mit dieser Doppelkirche verbindet sich der Name des Astronomen Nikolaus Kopernikus, der hier Anfang des 16. Jh. eine Kanonikerstelle bekleidete, aber wohl nie in Breslau war. Die spätromanische **Ägidienkirche** 7 (Kościół św. Idziego) aus dem 13. Jh. ist das älteste vollständig erhaltene Gebäude der Stadt. Das angrenzende **Klößeltor** 8 verbindet das Gotteshaus mit dem Erzdiözesanmuseum.

1000 Jahre kirchliches Zentrum – der Dom

Über die Katedralna-Straße gelangen Sie vom kleinen Platz mit der barocken **Nepomuksäule** 9 direkt zum **Dom** 10 (Katedra św. Jana), der dem hl. Johannes dem Täufer geweiht ist. Priester in Soutanen und Schwestern im Ordenskleid, Schlangen vor den Beichtstühlen im Dom, zahlreiche Messen und – besonders an warmen Sommerwochenenden – Trauungen am laufenden Band belegen, dass diese Insel trotz ihrer reichen Kunstschätze kein Museum, sondern lebendiger kirchlicher Mittelpunkt ist. Der Dom, an dem

500 Jahre lang gebaut wurde, wurde im Zweiten Weltkrieg stark zerstört. Bis 1951 erstand er neu, seine Türme trugen erst 1991 wieder Helme.

Das erste Gotteshaus aus Stein wurde an dieser Stelle schon um 950 unter den böhmischen Přemysliden errichtet. Die heutige Kirche geht auf das 13. Jh. zurück. Zisterziensische Traditionen aus Maulbronn, Ebrach und Walkenried sowie Einflüsse englischer und französischer Kathedralbauten wie Salisbury und Laon sind in dieses Bauwerk eingegangen. Die gotische Backsteinbasilika war zu allen Zeiten das repräsentativste Gotteshaus der Stadt. Das zeigen Grabmale, Epi-

INFOS/ÖFFNUNGSZEITEN

Dom 10: pl. Katedralny, Mo–Sa 10–16, So 14–16 Uhr; Aussichtsturm (Eingang im linken Seitenschiff) im Sommer 10–17 Uhr, 1,75 €
Botanischer Garten 12: ul. Sienkiewicza 23, www.biol.uni.wroc.pl/obuwr, April–Okt. tgl. 9–18 Uhr, 4,25/2,50 €

KULINARISCHES FÜR ZWISCHENDURCH

Traumhaft gelegen ist das **Restaurant Katedralna** ❶ (im Hotel Jan Paweł II., ul. św. Idziego 2, T 071 327 14 00, www.hotel-jp2.pl, tgl. 7–21 Uhr, Gerichte ab 7,50 €). In der Orangerie genießen Sie hier bei jedem Wetter italienisch inspirierte Gerichte und den Blick in den Botanischen Garten. Spätestens auf dem Rückweg zur Sandbrücke sollten auch mal den besten Breslauer sernik (Käsekuchen) in der **Cafeterie Chic** ❷ (ul. Katedralna 6, T 071 327 13 55, tgl. 9–21 Uhr) am Nepomuk-Denkmal probieren.

SCHIFFSTOUR

Bei Sonnenschein warten die weißen Ausflugsschiffe auf der Oder am **Anleger der Sandinsel** ❶ auf Passagiere. Weitere Anleger ▶ S. 76

Cityplan: Karte 2, aC–aE 1/2 | **Tram** 8, 9, 11, 17, 23 Hala Targowa; 6, 8, 9, 11, 17, 23 pl. Bema

Auf der Dominsel ist die Zeit in mancher Hinsicht stehen geblieben: Ihre Gassen werden immer noch von Gaslaternen beleuchtet, die abendliche Spaziergänge in ein romantisches Licht tauchen. Außerdem haben Autos hier nichts zu suchen. Erlaubt sind lediglich die kleinen Elektrofahrzeuge, mit denen Sie sich abgasfrei bei einer Stadtrundfahrt auf die Dominsel bringen lassen können.

taphien und Gedenktafeln wichtiger kirchlicher Würdenträger, Wappen von Päpsten, Kardinälen, dem Bistum und der Stadt. Ein Renaissanceportal am Eingang zur Großen Sakristei stellt das Martyrium von Johannes dem Täufer in Stein gehauen dar. 20 Kapellen verschiedenster Stilrichtungen sind in den Seitenschiffen und in eigenen Anbauten zu finden, darunter die Elisabeth- und die Kurfürstenkapelle nach einem Entwurf des Wiener Baumeisters Johann Bernhard Fischer von Erlach, die aus der Barockzeit stammen. Im großen zeitgenössischen Glasfenster im Ostchor sind die Schutzpatrone des Doms, der hl. Johannes der Täufer und der hl. Vinzenz, sowie der hl. Bartholomäus, Schutzpatron des Piastenhauses, und Herzog Heinrich der Fromme dargestellt. Darunter sehen Sie den Hauptaltar mit einem spätgotischen Triptychon von 1522, das aus der evangelischen Kirche in Lubin (Lüben) stammt.

Steigen Sie auf den nördlichen Turm und genießen in 91 m Höhe einen der schönsten Orte Breslaus mit einem großartigen Rundblick auf die Altstadt, die Odervorstadt und die Dominsel mit dem **Sitz des Erzbischofs** 11 (Pałac Biskupów). Dort versteckte Kardinal Gulbinowicz Anfang der 1980er-Jahre für die Breslauer Solidarność 80 Mio. Złoty vor dem Sicherheitsdienst. Gut zu sehen ist von hier oben, dass die Dominsel eigentlich gar keine Insel mehr ist. Schon 1813 wurde der Oderarm zwischen der Dominsel und der Odervorstadt zugeschüttet. Eine letzte Erinnerung daran ist der Teich im Botanischen Garten, eines der beliebtesten Ziele der Breslauer.

→ **UM DIE ECKE**

Pflanzenvielfalt und Dominselblicke, Seerosen und einen Wasserfall, Palmblätter, Skulpturen und Schattenspiele an heißen Sommertagen – das alles finden Sie im **Botanischen Garten** 12 (Ogród Botaniczny) der Universität. 1811 für wissenschaftliche Zwecke gegründet, ist er idealer Rückzugsort nach dem anstrengenden touristischen Programm. Eine kleine Kastanienallee teilt den Garten: Östlich der Allee liegen der Teich und die Gewächshäuser, das Arboretum und Alpinarium, westlich befinden sich Aquarienpavillons und Freilandzierpflanzen. Im Sommer gibt es sonntags um 11 und 16 Uhr Konzerte.

Europa lernen–
Universität Breslau

Breslau ist eine junge Stadt: Etwa 140 000 Studierende prägen ihr Bild. Die Tradition der Breslauer Universität (Uniwersytet Wrocławski), deren barockes Hauptgebäude breit am Oderufer lagert, reicht bis in böhmische, österreichische und preußische Zeiten zurück.

Die polnische Boomtown Wrocław verdankt ihren heutigen Erfolg nicht zuletzt der Devise »Wirtschaft auf der Basis von Wissen«. Das Wissen liefern die 23 staatlichen und privaten Hochschulen, deren Studierende aus dem Stadtbild nicht wegzudenken sind: Im Sommer sitzen sie mit Büchern und Collegeblocks in den Grünanlagen an der Oder, in Bars und Internetcafés am Ring und in der Altstadt. Rote Uniwersytet-Wrocławski-Schilder weisen auf die verschiedenen Institute

Mitten in der Oder locken auf der Vorderbleiche (Wyspa Słodowa) nicht nur der wunderbare Rundblick auf die Universität, die Altstadt und die anderen Inseln, sondern auch Open-Air-Konzerte und andere Veranstaltungen.

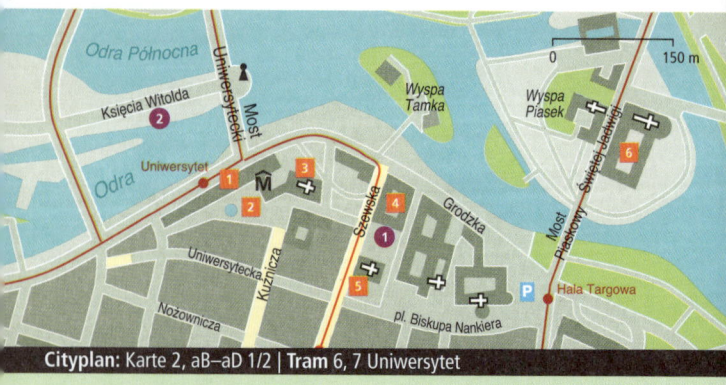

Cityplan: Karte 2, aB–aD 1/2 | **Tram** 6, 7 Uniwersytet

INFOS/ÖFFNUNGSZEITEN

Universitätsmuseum 1: pl. Uniwersytecki 1, www.muzeum.uni.wroc.pl, Mo–Di, Do–Fr 10–17, Sa–So 10–18, im Winter Mo–Di, Do–So 10–16 Uhr, 3,50/2,50 €
Universitätskirche des Namens Jesu 3: pl. Uniwersytecki 1, im Sommer 10–16 Uhr
Ossolineum 4: ul. Szewska 37, www.oss.wroc.pl, Hauptlesesaal Mo–Fr 8–20, Sa 9–14 Uhr
Matthiaskirche 5: pl. Bis. Nankiera 17

KULINARISCHES FÜR ZWISCHENDURCH

Im **Cherubinowy Wędrowiec** 1: pl. Nankiera, https://de-de.facebook.com/CherubinowyWedrowiec/, 17a, tgl.8.30–21 Uhr, entdecken Sie ein wunderbares Café, benannt nach Angelus Silesius' »Cherubinischem Wandersmann«, etwas versteckt im Barockgarten des Ossolineums.
Mit Uniblick sitzen Sie auf der Terrasse des Restaurants **Marina** 2 (ul. Księcia Witolda 2, T 071 794 00 01, www.marina.wroc.pl, Mo–Fr 12–23, Sa/So 11–23 Uhr, Gerichte ab 8 €).

hin: Hier werden Philologen, Pädagogen, Juristen, Naturwissenschaftler oder Pharmazeuten ausgebildet. Auch Mediziner, Techniker, Naturwissenschaftler oder Musiker erlernen hier ihr Fach.

Die habsburgische Leopoldina

An der Stelle des Fürstenschlosses aus dem 13. Jh. gründeten Jesuiten ein Gymnasium, daraus entwickelte sich eine Akademie, die Kaiser Leopold I. 1702 zur Universität machte. Rund um das Hauptgebäude, das sogenannte **Collegium Maximum,** konzentrieren sich traditionelles Studentenleben und akademische Feiern. Das 171 m lange und größte Barockgebäude Breslaus direkt an der Oder ist als Museum zu besichtigen: Das große Treppenhaus schmücken Fresken aus dem 18. Jh., die Schlesien mit seinen Landschaften,

Städten und Herrschern als Teil der Habsburger-monarchie zeigen. Im ersten Stock liegt die **Aula Leopoldina.** Barocke Innenarchitektur, Figuren-schmuck, illusionistische Malerei und Stuckwerk machen sie zum repräsentativsten Saal der Uni-versität, in dem wichtige akademische Festakte begangen werden.

Auf dem Podium der Aula Leopoldina mit dem Promotionsgestühl sehen Sie in einer Nische in der Mitte die Figur des Stifters Kaiser Leopold I. Im Auditorium mit dem Professorengestühl ist der Deckenplafond mit Allegorien der Weisheit Gottes und der Wissenschaften, Darstellungen der Evangelisten, Kirchenväter und Patrone der Fakultäten geschmückt. Über der musischen Em-pore sind Athene als Göttin der Weisheit sowie die Figuren Silesia für Schlesien, Viadrus für die Oder und Wratislavia für Breslau abgebildet. Ein weiterer festlicher Saal ist das neu rekonstruierte **Oratorium Marianum** im Erdgeschoss.

Bücherflohmarkt an der Universität – vielleicht machen Sie ein Schnäppchen oder finden einen der Bres-lau-Krimis auf Deutsch?

Universitätsgeschichte mit schöner Aussicht

1811 wurde die Universität neu gegründet, wei-tere Fächer wie Slawistik kamen hinzu, Natur-wissenschaften und Medizin entwickelten sich rasant. Im August 1945 wurden die deutsche Universität und die Technische Hochschule pol-nische Hochschulen. Bereits kurz darauf konnte man in der berühmten Aula Leopoldina das erste Studienjahr mit 3500 Studenten eröffnen. Die Professoren, die in der Folge das akademische und kulturelle Leben Breslaus stark beeinflussten, kamen großenteils von der Universität Lemberg. Die habsburgisch-preußisch-deutsche Geschich-te der über 300 Jahre alten Universität und ihrer Wissenschaftler verdeutlichen die Exponate im **Longchamps-Saal** im Erdgeschoss des Hauptge-bäudes. Das **Universitätsmuseum** **1** (Muzeum Uniwersytetu Wrocławskiego) informiert über Nobelpreisträger wie Paul Ehrlich (Medizin, 1908) oder Fritz Haber und Friedrich Bergius (Chemie, 1918 bzw. 1931), die mit der Universität ver-bunden waren. Durch das Collegium Maximum gelangen Sie auf den **Mathematischen Turm** und seine Aussichtsterrasse. Von hier oben eröffnet sich ein wunderbares Panorama auf die Häuser der Altstadt und die Oder.

G GAUDEA-MUS

Die Verleihung der Ehrendoktorwürde an Johannes Brahms 1879 in der Leopoldina inspi-rierte den Komponisten zu seiner Version des in Breslau Tradition gewordenen **Studen-tenliedes »Gaudeamus igitur«** (»Lasst uns also fröhlich sein!«). Bis heute beginnt an jedem 1. Oktober mit diesem Lied die Auftaktfeier des akademischen Jahres am Ring.

Über den Universitätsplatz zu Kirchen und Bibliotheken

Fast südliches Flair herrscht auf dem **Universitätsplatz** 2. Studierende und Touristen sitzen in den Sommergärten der Cafés oder am Fechterbrunnen zwischen barockem Universitätsgebäude und den modern-gläsernen Gebäuden der Juristischen Fakultät. Gleich neben dem Universitätsgebäude liegt die äußerlich schlichte, spätbarocke **Universitätskirche des Namens Jesu** 3 (Kościół Uniwersytecki imienia Jezus) mit einer reichen Ausstattung und Deckengemälden vom Ende des 18. Jh.

Die moderne Glasfassade spiegelt das barocke Flair der Universitätsgebäude – dahinter verbirgt sich ein Schnellrestaurant.

Hinter der Kirche stoßen Sie im ehemaligen Matthias-Gymnasium auf das **Ossolineum** 4 (Zakład Narodowy im. Ossolińskich). Ein Teil der Bibliothek, die von Józef Maksymilian Graf Ossoliński 1817 zu Zeiten der polnischen Teilung in Lemberg gestiftet wurde, kam nach dem Zweiten Weltkrieg nach Breslau. Zu den wertvollsten Originalen gehören Rembrandt- und Dürer-Zeichnungen. Zudem wird hier auch die Handschrift von »Pan Tadeusz«, dem bekanntesten Werk des Dichters Adam Mickiewicz (▶ S. 79). verwahrt. Auch der stimmungsvolle Innenhof mit Brunnenhäuschen und der Barockgarten des Ossolineums sind sehenswert. Im Garten erinnert ein modernes Bronzedenkmal der Breslauer Künstlerin Ewa Rossano an den als Angelus Silesius bekannten schlesischen Arzt und Dichter Johannes Scheffler. Er fand in der angrenzenden gotischen **Matthiaskirche** 5 (Kościół św. Macieja) seine letzte Ruhestätte.

Im ehemaligen Augustinerkloster auf der Sandinsel befanden sich bis 2018 wahre Schätze im **Schlesisch-Lausitzischen Kabinett** (Gabinet Śląsko-Łużycki), jetzt in der neuen Universitätsbibliothek an der Oder. Dieses Kabinett zählt zu den Lieblingsorten des Krimiautors Marek Krajewski (▶ S. 120), der diese größte Sammlung deutscher und polnischer Vorkriegspresse aus Schlesien für seine Recherchen nutzt (so kauft Kommissar Mock Parfum für seine Frau in der Drogerie Pohl, deren Anzeigen Marek Krajewski hier fand). Auch dazu gehören Bestände der Universitäts- und der Stadtbibliothek aus der Vorkriegszeit mit der Sammlung des Kunstmäzens Thomas Rehdiger aus der Renaissance sowie Bücher aus schlesischen Kirchen und Klöstern.

Protestanten, Patrizier, Papst – **die Elisabethkirche**

5

Die mächtige Elisabethkirche mit ihrem charakteristischen Turm prägt das Panorama der Breslauer Altstadt. Sie ist eng mit der Geschichte der Stadt und ihrer Patrizier verbunden. Heute finden hier nicht nur kirchliche Ereignisse statt: Konzerte von Klassik bis Blues sind in dem hohen gotischen Raum ein Erlebnis.

Jaś i Małgosia, Hänsel und Gretel, heißen sie und ›reichen sich die Hände‹ über einen Torbogen: Die beiden Häuschen an der nordwestlichen Ecke des Rings sind die letzten von etlichen

Der Torbogen zwischen ›Hänsel‹ und ›Gretel‹ führt Sie auf den Elisabethkirchhof.

INFOS/ÖFFNUNGSZEITEN

Hänsel- oder Kupferstecher-Haus (Domek Miedziorytnika) 1: Di–Do 13–17, Sa 12–18 Uhr, Eintritt frei

Elisabethkirche 4**:** ul. św. Elżbiety 1, T 071 343 72 04, http://elzbieta. archidiecezja.wroc.pl, Aussichtsterrasse im Sommer 10–18 Uhr, 2,50 €

KULINARISCHES FÜR ZWISCHENDURCH

Restauracja JaDka 1**:** ul. Rzeźnicza 24/25, T 071 343 64 61, www.jadka. pl, tgl. 17–23, So 17–22 Uhr, Gerichte ab 13 €, etwa Wildschweinpastete mit Sauce Tartare oder Ente mit Pflaumen

ELEKTROAUTOS MIETEN

Auf der ul. Mikołaja direkt vor der Elisabethkirche laden Elektroautos zu Fahrten durch die Stadt ein (10–19 Uhr).

Cityplan: Karte 3, aB 2 | **Tram** 0, 3, 4, 5, 6, 7, 10, 14, 23, 24, 31, 32, 33 Rynek

Altaristen-Häusern, die früher rund um den Elisabethkirchhof standen. Im sogenannten **Hänsel- oder Kupferstecher-Haus** 1 (Domek Miedziorytnika) auf der linken Seite wohnte und arbeitete lange Zeit der bekannte Grafiker und Bildhauer Eugeniusz Get-Stankiewicz (1942–2011). Einige Werke hängen gut sichtbar an der Außenwand: sein Porträt über der Tür, seine Komposition »Zrób to sam – Do it yourself« schmückt die Hauswand dahinter. Die Inschrift über dem Portal deutet daraufhin, dass man hier früher den Friedhof betrat, der die Kirche umgab: »Mors janua vitae« (dt. Der Tod ist das Tor zum Leben).

Auf dem Kirchplatz

Auf dem Weg zur Elisabethkirche (Kościół św. Elżbiety) mit einem rot-grünen Schachbrettmuster im Dach kommen Sie am **Bronzedenkmal** für den in Breslau 1906 geborenen Theologen **Dietrich Bonhoeffer** 2 vorbei, der sich in der Bekennenden Kirche gegen die Nationalsozialisten einsetzte. Unterhalb des Turms fällt das **Modell der Elisabethkirche** 3 mit Erklärungen in Brailleschrift auf. Direkt daneben zeigt ein Relief, wie 1529 bei einem Unwetter der damals 130 m hohe Turm einstürzte. Die Katholiken

Elisabethkirche

sollen dieses Unglück als Strafe dafür angesehen haben, dass die Kirche als erste in Schlesien 1525 evangelisch wurde – die Protestanten dagegen wollten göttlichen Schutz darin erkennen, dass niemand zu Schaden kam.

Protestantische Patrizier und der polnische Papst

Über 400 Jahre lang war die **Elisabethkirche** 4 der Breslauer Patrizierfamilien evangelische Hauptkirche Schlesiens. Mit ihrem mächtigen Turm und etwa 2000 Sitzplätzen ist sie eines der größten Gotteshäuser in der Region. Im 13. Jh. gegründet, wurde die Kirche vermutlich von thüringischen Siedlern der hl. Elisabeth von Thüringen geweiht. Prunkvolle Grabmale in den Seitenkapellen – wie etwa der Familien Rybisch oder Rehdiger – zeigen die bedeutende Rolle der Stadträte und Patrizier. Schwer zerstört wurde die heute katholische Garnisonskirche durch Brände in den 1970er-Jahren. Erst 1993 fand ein erster Gottesdienst statt, 1997 weihte Papst Johannes Paul II. die Kirche neu. Eines der modernen Kirchenfenster erinnert an das Kirchenoberhaupt, geschaffen von Eugeniusz Get-Stankiewcz.

Zahlreiche Besucher kommen für einen Konzertbesuch hierher oder um den Turm bis zur Aussichtsterrasse in 83 m Höhe hinaufzusteigen: Sie werden mit einem großartigen Rundblick über den Ring, die Oder und die Häuser der Altstadt belohnt.

Eugeniusz Get-Stankiewicz stand seinem Bildhauerkollegen Stanisław Wysocki im Jahr 2000 Modell für die Plastik eines Massaikriegers an der Mohrenapotheke am Salzring (pl. Solny 2/3). Ein zufällig vorübergehender Arzt erkannte einen Nabelbruch bei der Figur – die Diagnose erwies sich als zutreffend, Get wurde operiert! An der hier zu sehenden Außenwand des Kupferstecher-Hauses (›Hänsel‹) hat sich der Künstler selbst verewigt.

Schmausen

Nördlich von der Elisabethkirche können Sie in der **Jatki-Gasse** 🛈 (Stare Jatki) zwischen Kiełbaśnicza- und Odrzańska-Straße eine Reihe von Galerien des Polnischen Künstlerverbands besuchen. Tür an Tür reihen sich die Angebote von Keramik über Silberschmuck, Textilkunst und Malerei bis hin zu angewandter Kunst und Design. Das Tiermotiv des Bronzedenkmals auf der Gasse taucht auch in den Galerien auf: Gläserne Vögel, Pferde und Fantasietiere bevölkern die effektvoll beleuchteten Regale. Von den *jatki,* den alten Fleischbänken aus dem 18. Jh., ist es nicht weit bis zum **Restauracja JaDka** ❶, in dem polnische Küche vom Feinsten zelebriert wird.

6

Grünstreifen mit Kulturhighlights – **die Altstadtpromenade**

Eine grüne Allee mit Fuß- und Fahrradwegen umschließt das historische Zentrum Breslaus am linken Oderufer wie ein Ring: die Altstadtpromenade (Promenada Staromiejska). Am ehemaligen Festungsgraben stehen viele repräsentative öffentliche Gebäude vom Breslauer Puppentheater bis zum beeindruckenden Neubau des Nationalen Musikforums.

Ein Spaziergang oder eine Radtour entlang des Stadtgrabens ist zu jeder Jahreszeit reizvoll.

Der gesamte Weg, der vor 200 Jahren anstelle der alten Befestigungsanlagen entstand, ist fast drei Kilometer lang und führt vom **Arsenal** mit dem **Archäologischen Museum** (▶ S. 78) im Westen bis zur Ziegelbastion/Holteihöhe (Wzgórze Polskie) im Osten. Parallel zum Viertel der gegenseitigen Achtung und zur ul. Włodkowica ist der Weg bereits neu gestaltet. Herzstück und kulturell besonders attraktiv ist der südliche Teil.

Mobile Marionetten

Unser Spaziergang entlang der Altstadtpromenade beginnt beim **Breslauer Puppentheater** **1** (Teatr Lalek), das bei Groß und Klein bekannt ist für seine fantasievollen Aufführungen mit zauberhaften, künstlerisch gestalteten Puppen. Von Shakespeare bis Beckett und von Bruno Schulz bis Tadeusz Różewicz entführen die Charakterpuppen in die Welt des großen Theaters. Im Sommer fahren Marionetten mit dem Märchenbus (Bajkobus) durch die Stadt und präsentieren neue Geschichten von den Breslauer Zwergen. Die mobile Theaterbühne mit der Replik des neobarocken Theatergebäudes, der ehemaligen Kaufmännischen Ressource am Zwinger, fährt verschiedene Haltestellen am Ring und an den Plätzen der Altstadt an, an denen der Spielplan ausgehängt ist. Unter polnisch-tschechischer Leitung sollen in Zukunft auch vermehrt zeitgenössische Stücke gespielt werden.

Die Marionetten des Puppentheaters fahren im Sommer mit dem Märchenbus durch die Stadt.

Nostalgischer Tivoli

Direkt links neben dem Puppentheater treten Sie durch ein schmiedeeisernes Tor in den 2010 nach neobarocken Vorlagen aus dem 19. Jh. neu gestalteten **Altstadtpark** **2** (Park Staromiejski) ein. Im früheren Zwingergarten mit alten Buchen, Eichen, Kastanien und Platanen dreht sich ein historisches Karussell, das mit verschiedenen Breslauer Stadtansichten, wie der Dominsel oder der Jahrhunderthalle, geschmückt ist. Hier können Kinder, wenn das Wetter es zulässt, auf einem der hölzernen Schimmel ›ausreiten‹. Auch eine Volière mit exotischen Vögeln und ein Spielplatz gehören zu den Attraktionen des bewachten Parks. Im Sommer wird die Freilichtbühne zwischen Puppentheater und Springbrunnen für Festivals oder Sonntagskonzerte genutzt. Die gute Akustik kann man an lauen Sommerabenden bei romantischem Laternenlicht genießen.

Entspannung im Grünen

Durch den südlichen Ausgang gelangt man vom Park auf die **Altstadtpromenade,** die mit ihren

Die Breslauer Zwerge haben auch ein stattliches eigenes **Orchester** auf die Beine gestellt, das links vor dem Haupteingang des Nationalen Musikforums in der Nähe des Stadtgrabens zu bestaunen ist. Die **Miniaturmusiker** spielen Blas- und Streichinstrumente und sogar Schlagzeug, der Dirigent schwingt hingerissen den Taktstock. Schade, dass die Musik nur für Zwergenohren hörbar ist ...

Versuchen Sie, Karten für ein Konzert im neuen Nationalen Musikforum zu bekommen! Das Gebäude beeindruckt nicht nur durch seine Architektur, sondern vor allem durch die fantastische Akustik der vier Konzertsäle.

Bänken einen beliebten Ruhepunkt im hektischen Treiben der Stadt darstellt und auch von Radfahrern gerne genutzt wird. Durch die Baumkronen der Allee leuchten auf der anderen Seite des Stadtgrabens die Glasfenster im neuen Anbau des Kaufhauses Renoma (▶ S. 56) in Blau, Gelb und Rot. Der Gebäudeteil war bereits in den 1920er-Jahren in den ursprünglichen Plänen für das ehemalige Kaufhaus Wertheim vorgesehen. Er wurde aber erst 2008 im Rahmen einer grundlegenden Restaurierung des Renoma realisiert. Heute sind hier vor allem Cafés und Restaurants untergebracht.

Bevor Sie die Świdnicka-Straße beim **Café Borówka** ❶ überqueren, sollten Sie sich hier eine Pause gönnen. In dem alten Wachhäuschen am Stadtgraben sind Kaffee, Shakes, Eis (der kleine Dino – Dinuś – für Kinder), Waffeln und Kuchen im Angebot. Auf der anderen Seite der Straße setzt sich die Altstadtpromenade fort. Hier liegen nach wenigen hundert Metern linkerhand Polizei und Gericht am ehemaligen Stadtgraben.

Rechterhand – und gut sichtbar von der Dachterrasse des Cafés – ruht das repräsentative Gebäude der **Breslauer Oper** ❸ (Opera Wrocławska), die hier und an anderen Spielstätten in der Stadt das Publikum begeistert.

Einzigartig: das neueste Konzerthaus der Stadt

Ein Stück weiter an der Altstadtpromenade entstand nach Plänen des Architekten Stefan Kuryłowicz auf der Höhe des Wolności-Platzes zwischen Oper, Königsschloss und dem Viertel der gegenseitigen Achtung das 2015 eröffnete **Nationale Musikforum** ❹ (Narodowe Forum Muzyki, NFM). Neben einem großen Saal mit 1800 Plätzen und herausragender Akustik gibt es drei weitere kleine Säle für 300 Zuschauer, die unterirdisch liegen. Die Architektur des NFM dient vor allem der musikalischen und klanglichen Erbauung, ist aber auch für sich genommen ein beeindruckendes Erlebnis. Die farbliche Gestaltung ist modern-elegant in Schwarz-, Weiß- und Rottönen gehalten. Neben Konzerten finden im Nationalen Musikforum auch Kongresse und Konferenzen statt. Ein Besuch des NFM ist geradezu ein Muss für alle Gäste der Stadt. In der

Eingangshalle verkauft der **NFM-Shop** CDs und Musiksouvenirs.

Die Fertigstellung des Musikforums und das Verschwinden der langjährigen Baustellenzäune eröffneten völlig neue Blickachsen und Verbindungen zwischen dem Zentrum und dem Stadtgraben, der Schweidnitzer Straße und dem Viertel der gegenseitigen Achtung. Zwischen Nationalem Musikforum und Oper fand man im Zuge der Bauarbeiten in der Nähe des Königsschlosses Reste der mittelalterlichen Stadtbefestigung, die besichtigt werden können.

→ UM DIE ECKE

Gegenüber der Altstadtpromenade liegt das **deutsche Generalkonsulat** in der früheren großbürgerlichen Villa der Unternehmerfamilie Haase aus dem 19. Jh. (ul. Podwale 76).

INFOS/ÖFFNUNGSZEITEN
Puppentheater **1**: pl. Teatralny 4, T 071 344 12 16, www.teatrlalek. wroclaw.pl, Kasse Di–Fr 9–19 Uhr
Altstadtpark **2**: April–Aug. 9–22, Sept.–März 9–21 Uhr, bei gutem Wetter
Parkregeln: Hunde und Fahrräder sind im Park nicht erlaubt – bis auf eine Fahrradriksha, die Parkbesuchern Kaffee und Berliner bringt.
Breslauer Oper **3**: ▶ S. 56
Nationales Musikforum **4**: pl. Wolności 1, T 071 342 20 01, Shop 71

13 72 38 14, www.nfm.wroclaw.pl, Kasse Mo–Fr 11–15, 15.30–18, Sa 15–20.30 Uhr
Kartenvorverkauf für Puppentheater, Oper, Nationales Musikforum: ▶ S. 109

KULINARISCHES FÜR ZWISCHENDURCH
Café Borówka **1**: ul. Świdnicka 38a, T 796 96 00 00, www.cafeborowka.pl, Mo–Fr 9–16 Uhr, Haltestelle Renoma

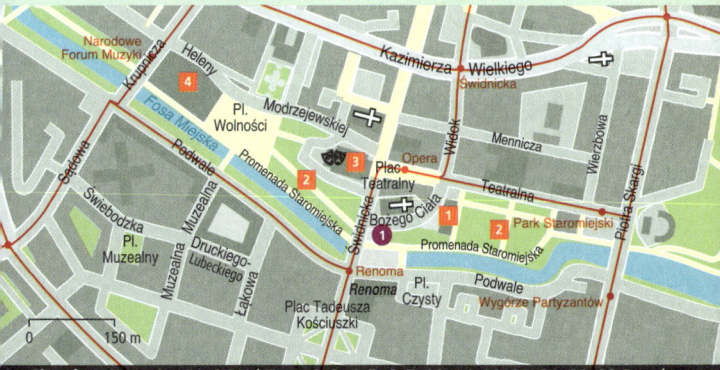

Cityplan: Karte 2, aB/aC 3/4 | **Tram** 0, 3, 4, 5, 6, 7, 10, 14, 23, 24, 31, 32, 33 Rynek

7

Gelebte Toleranz – **im Viertel der gegenseitigen Achtung**

Im ehemaligen jüdischen Viertel zwischen Ring und Stadtgraben haben sich vier Gemeinden – die katholische, evangelische, orthodoxe und jüdische – zum Viertel der gegenseitigen Achtung (auch als Viertel der vier Bekenntnisse oder Toleranzviertel bezeichnet) zusammengeschlossen – in einem lebendigen Stadtquartier voller Kneipen, Cafés und Kinos, Geschäfte und Galerien, typisch Breslau!

Die Dame »Planeta« heißt die Besucher des Viertels willkommen.

Hier spielt man gerne mit dem Namen ›Wallstreet‹, auch wenn die ehemalige Wallstraße, die heutige ul. Włodkowica, kein neues Finanzzentrum ist. In dieser Straße liegen die jüdische Gemeinde und die Synagoge zum Weißen

Storch. Baugerüste wandern von Haus zu Haus, bestimmt eröffnet gerade mal wieder ein neues Café, Restaurant, Geschäft oder Hotel …

Angefangen hatte im Viertel alles mit den Steinen: Der erste flog 1991 durch ein Glasfenster der katholischen Antoniuskirche und verfehlte nur knapp eine Frau, der zweite traf wenige Tage später eine Ikone auf dem Außengelände der orthodoxen Kirche. Zufälliger Augenzeuge war Jerzy Kichler von der jüdischen Gemeinde. Gemeinsam mit dem katholischen Pfarrer, dem evangelischen Pastor und dem orthodoxen Popen wurde eine feste Zusammenarbeit zwischen den vier Gemeinden vereinbart, natürlich auf der Basis gegenseitiger Achtung der unterschiedlichen religiösen Bekenntnisse. Gemeinsames Beten, Singen und Feiern der jeweiligen Feste trugen zum gegenseitigen Kennenlernen bei. Das Viertel der gegenseitigen Achtung (Dzielnica Wzajemnego Szacunku Czterech Wyznań) war geboren.

Die christlichen Kirchen

Für Touristen erschließt das Viertel ein Weg zwischen den Gotteshäusern, die in wenigen hundert Metern Entfernung liegen. Startpunkt ist der Platz vor dem Kino **Nowe Horyzonty** ⚙ (3 Min. vom Salzring entfernt) mit einem Plan des Viertels, dem bronzenen Viertellogo und ein paar Bänken zum Ausruhen. In der Mitte steht eine junge Dame – die **Skulptur »Planeta«** von Ewa Rossano, die nur wenige Meter von hier entfernt in der ul. Włodkowica entstand.

Zu den vier Kirchen gehört die **Kathedrale der orthodoxen Diözese Breslau-Stettin** 1 (Cerkiew Narodzenia Przenajświętszej Bogurodzicy) an der ul. św. Mikołaja. Die frühere katholische Barbarakirche wurde 1525 evangelisch, nach 1945 wieder katholisch und ist erst seit 1963 Gotteshaus der orthodoxen Gemeinde – mit Ikonostas und vielen Kerzen, wie es sich für eine orthodoxe Kirche gehört. Auch die Gemeinde der katholischen **Antoniuskirche** 2 (Kościół św. Antoniego) des Paulinerordens arbeitet aktiv im Viertel mit. Die Kirche selbst stammt aus dem 17. Jh. Auf ihrem Dachboden wurde erst vor ein paar Jahren ein Gemälde des ›schlesischen Rembrandts‹, des Barockmalers Michael Willmann, entdeckt, dann stellte sich heraus, dass

Die Breslauer kommen bei besonders freudigen und traurigen Anlässen ins Viertel – zum **Standesamt** an der Altstadtpromenade. Brautpaare und Hochzeitsgesellschaften gehören daher ebenso zum Bild wie die zahlreichen **Bestattungsunternehmen** mit sprechenden Namen wie Gloria, Amen, Styx oder Pietät. Nachts wird das Viertel zur **Partymeile:** In den restaurierten Innenhöfen der Niepoldpassage (Pasaż Niepolda) oder des Pokoyhofs und in den umliegenden Straßen öffnen Discos und Nachtklubs, Bars und Kneipen, junge Leute aus der ganzen Stadt kommen zum Feiern hierher.

In neuem Glanz erstrahlt die Synagoge zum Weißen Storch seit ihrer Restaurierung 2010. Sie wurde im letzten Moment vor dem Verfall bewahrt und ist heute ein lebendiges Zentrum kulturellen und religiösen Lebens in Breslau.

auch der Hauptaltar mit der »Vision des hl. Antonius von Padua« ein Willmann-Werk ist. Eine weitere christliche Gemeinde im Viertel gehört zur **Kirche der Göttlichen Vorsehung** 3 (Kościół Opatrzności Bożej). Die ehemalige reformierte und spätere Hofkirche des preußischen Königs ist heute polnisch-lutherischer Bischofssitz und zählt ca. 600 Gemeindemitglieder.

Shalom! – Frieden!

Den Friedensgruß hört man wieder in der Włodkowica-Straße, er kehrte mit dem jüdischen Leben zurück – für viele völlig unerwartet. Durch den Torbogen am Haus Nr. 9 betritt man den Innenhof mit der **Synagoge zum Weißen Storch** 4 (Synagoga Pod Białym Bocianem), ein Gebäude, das Carl Ferdinand Langhans, Sohn des Architekten des Brandenburger Tores, 1829 errichtete. Der Platz vor der Synagoge ist heute ein beliebter Treffpunkt. Doch wo jetzt die Sommergärten der Cafés und Restaurants zum Verweilen einladen, wurde am 10. Juni 1943 die drittgrößte jüdische Gemeinde Deutschlands liquidiert, ihr Hab und Gut in der Synagoge gesammelt, ihre Mitglieder bis 1943 fast ausnahmslos deportiert und ermordet. Ihre versteckte Lage zwischen den Häusern bewahrte diese Synagoge vor der Vernichtung in der Kristallnacht. Zum Denkmal für die 1938 zerstörte Neue Synagoge am Anger führt alljährlich am 9. November ein Gedenkmarsch von der ul. Włodkowica aus.

Z ZUFLUCHT

Nach dem Zweiten Weltkrieg wurde Breslau für einige Jahre zum neuen **Zentrum für Tausende von überlebenden Juden** aus Lagern oder den ehemaligen polnischen Ostgebieten. Im jüdischen Viertel gab es jüdische Zeitungen und ein eigenes Theater – bis antisemitische Kampagnen, vor allem im Jahr 1968, die polnischen Juden zur Emigration zwangen.

Seit 2006 engagiert sich Bente Kahan für ein **Internationales Zentrum für jüdische Kultur und Bildung in Breslau.** Die Stiftung der Künstlerin aus Oslo förderte die Renovierung der Synagoge, die Ausstellung »Zurückgewonnene Geschichte« über das jüdische Leben in Breslau und Schlesien und die Renovierung des jüdischen Ritualbads, der Mikwe. Nach dem Wunsch der Stifterin sollen auch Musik, Theater und Tanz Breslau als »ein jüdisches Herz mitten in Europa« bekannt machen.

INFOS/ÖFFNUNGSZEITEN

Kathedrale der orthodoxen Diözese Breslau-Stettin 1: ul. św. Mikołaja 40
Antoniuskirche 2: ul. św. Antoniego 30
Kirche der Göttlichen Vorsehung 3: ul. Kazimierza Wielkiego 29
Synagoge Zum Weißen Storch 4: ul. Włodkowica 9, T 071 787 39 02, Infozentrum Mo–Fr 10–16 Uhr, Ausstellung auch So, Eintritt frei
Internationales Zentrum für jüdische Kultur und Bildung: Fundacja Bente Kahan, ul. Włodkowica 5, T 071 782 81 23, http://fbk.org.pl

KULINARISCHES FÜR ZWISCHENDURCH

Café Mleczarnia 1: ul. Włodkowica 5, T 071 787 75 70, http://mle.pl/wroclaw, tgl. 10 Uhr bis zum letzten Gast
CIŻ-Café 2: ul. Włodkowica 7, T 071 787 39 02, tgl. 10–21 Uhr außer am Sabbat (Freitag nach Sonnenuntergang bis Samstag nach Sonnenuntergang)
Café Cocofli 3: ul. Włodkowica 9, T 071 756 99 90, Mo–Do 11–22, Fr 11–1, Sa 12–1, So 12–22 Uhr

NOCH MEHR BUMMELN

In der ul. Włodkowica Nr. 11 liegt im Hinterhaus die **Werkstatt** der Malerin und Bildhauerin **Ewa Rossano** 1 (http://rossanoart.com), deren Skulpturen »Angelus Silesius« im Ossolineum-Garten und »Planeta« vor dem Kino

Nowe Horyzonty (Tram Rynek) stehen. Nebenan finden Sie in den knallbunten Regalen der **Buchhandlung Wydawnictwo** 2 (T 071 793 73 34, www.wydawnict wo-wlokowica11.pl, Mo–Do, So 11–23, Fr/Sa 11–2 Uhr) Publikationen über Breslau und Schlesien, Architektur und Fotografie. Wenn Sie sich mehr für Mode interessieren, finden Sie vielleicht bei **Ubieralnia** 3 (dt. Ankleidezimmer; Nr. 19, T 071 797 67 99, www.ubieralnia. pl, Mo–Fr 10–18, Sa 11–14 Uhr) Ihr neues Lieblingskleid – entworfen von Breslauer Modedesignerinnen.

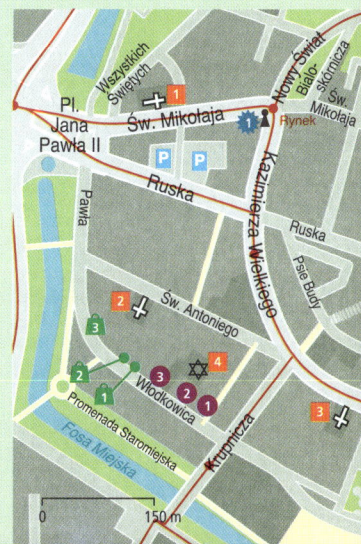

Cityplan: Karte 2, aA/aB 2/3 | **Tram** 0, 3, 4, 5, 6, 7, 10, 14, 23, 24, 31, 32, 33 Rynek

Leckere, koschere Speisen gibt es im CIŻ, dem Centrum Informacji Żydowskiej (Jüdisches Informationszentrum) – unbedingt probieren!

**Z
ZUKUNFT**

Seit ein paar Jahren wächst die Breslauer jüdische Gemeinde wieder (etwa 350 Personen). Neben einer koscheren Mensa gibt es auch die kleine Alltagssynagoge im Gemeindehaus der Synagoge mit original erhaltenem Thoraschrein aus der Vorkriegszeit, restauriert im Dezember 2015. Zuletzt wurde 2018 das rituelle Bad, die Mikwe der Gemeinde, wieder zugänglich gemacht. Außerdem entsteht ein multimediales Zentrum im Erdgeschoss des Gebäudes.

Kulinarisches mit Musik

Das Sammelsurium von unterschiedlichsten Stühlen im Innenhof vor der Synagoge gehört zum **Café Mleczarnia** ❶, der Breslauer Niederlassung des Krakauer Mleczarnia (dt. Molkerei). Selbst am hellsten Sommertag ist es hier schummrig, heiße Diskussionen bei Kerzenlicht machen das spezielle Mleczarnia-Flair aus. Filme und Lesungen während des Simcha-Kulturfestivals geben dem Klub-Café einen jüdischen Touch. Bands spielen hier gerne live. Im Vordergrund steht dabei Jazzmusik, und das nicht nur beim Festival ›Jazz zu Allerseelen‹.

Koschere Speisen und Snacks gibt es im **CIŻ-Café** ❷ in der ul. Włodkowica. Nebenan in der Nr. 9 wurde das **Café Cocofli** ❸ mit jüdischen Motiven gestaltet. In seinem Weinsortiment finden sich auch koschere Weine. Der Name stammt von dem Philosophen Leszek Kołakowski. Er beschreibt eine elegante Bar namens Cocofli in den höchsten himmlischen Sphären, in der Gott und Satan verkehren und Mineralwasser bzw. Cognac trinken. Der Barname ist dabei aus den Anfangsbuchstaben der Wörter *coexistence, cooperation, friendship, love* und *identity* zusammengesetzt, die die wechselseitige Beziehung zwischen Gott und Teufel beschreiben.

Partypassagen – Niepoldhof und Pokoyhof

 # 8

Kneipen, Musikklubs, Cafés und Diskotheken dicht an dicht – zwei historische Handelspassagen im Viertel der gegenseitigen Achtung machen dem Nachtleben rund um den Ring Konkurrenz und geben eine einmalige Kulisse für Konzerte, Vernissagen, Installationen, Multimediashows und Festivals ab.

Im **Niepoldhof** 1 (Pasaż Niepolda) zwischen der ul. Ruska und ul. św. Antoniego liegen Musikklubs und Bars neben- oder übereinander in verschiedenen Häusern und Kellern. 1904 hatte der jüdische Kaufmann Wilhelm Niepold hier die erste Breslauer Handelspassage gegründet.

Yeah! Zwischen uralten Radiogeräten und Leuchtbären an den Wänden versackt man gerne im Szajba …

Im **Bezsenność** lernen Sie die angenehmen Seiten der Schlaflosigkeit (pol. *bezsenność*) kennen. Um den Schlaf bringen Sie Sounds und Beats der Sechzigerjahre bis hin zu Jazzgrooves mit DJs oder polnischen Livegruppen. Das **Niebo Café** gehört mittlerweile schon zu den etablierten Lokalen – mit kultigen Sitzgruppen und Konzerten (Rock, Metal).

Neue Passage mit kreativem Potenzial

Gegenüber vom Kino Helios liegt der Eingang in den **Pokoyhof** (Pasaż Pokoyhof), benannt nach dem ersten Besitzer Bartłomiej Pokquaies aus dem 17. Jh. In den Gasthäusern wohnten während der Märkte und Messen jüdische Händler und Kaufleute. Vor wenigen Jahren zogen neue Lokale, Galerien und Klubs in den Innenhof – als erstes eröffnete das **Szajba** (dt. Verrücktheit oder schlicht ›Rad ab‹), in dem Sie gemütlich in Sesseln aus den Fünfziger- und Sechzigerjahren versinken können. Alte Radiogeräte dekorieren die Wände des Klubs, der abends zur Galerie oder zum Konzert- oder Filmsaal wird. Mittlerweile gibt es hier auch eine Breslauer Dependance des Bistros **Charlotte**, das mit frisch belegten Broten, Quiches und Wein aus Frankreich für's leibliche Wohl sorgt.

F FLOTT

Rechts vom Eingang in den Pokoyhof führt der kürzeste Weg vom Ring zur ul. Włodkowica und zur Synagoge (▶ S. 46). Oder einfach durch das Charlotte …

(▶ S. 46)

INFOS/ÖFFNUNGSZEITEN

Niepoldhof 1: ul. Ruska 51/ul. św. Antoniego 15

Pokoyhof 2: ul. św. Antoniego 2/4, T 071 719 89 64, http://pokoyhof.com

Charlotte 1: ul. Antoniego 2/4, T 06 08 64 69 66 (Reservierung ab 8 Pers.), http://bistrocharlotte.pl, Mo–Do 7–24, Fr 7–1, Sa 8–1, So 8–22 Uhr

Bezsenność 1: ul. Ruska 51, T 570 66 95 70, So, Di–Mi 10–3, Do–Sa 19–5 Uhr, Fr/Sa Damen 1,25 €, Herren 2,50 €

Niebo Café 2: ul. Ruska 51, T 071 342 98 67, www.niebocafe.pl, Di–Sa 13–5, Mo 17–5 Uhr

Szajba 3: ul. św. Antoniego 2/4, T 06 60 40 42 70, www.szajba.wroclaw.pl, So–Do 17–2, Fr–Sa 17–4 Uhr. Konzerte und Livemusik

Cityplan: Karte 2, aA/aB 2/3 | **Tram** 0, 3, 4, 5, 6, 7, 10, 14, 23, 24, 31, 32, 33 Rynek

1000 Jahre Stadtgeschichte – **das Königsschloss**

Das Historische Museum feiert mit seiner Ausstellung »1000 Jahre Breslau« – noch dazu im restaurierten, ehemaligen Stadtschloss der preußischen Könige – eine doppelt gelungene Präsentation. Nie zuvor wurde die wechselvolle Geschichte der Stadt so umfassend, unvoreingenommen und mit modernster Museumstechnik dargestellt.

1750 erwarb der preußische König Friedrich II. den Palast des bischöflichen Kanzlers, des Barons Heinrich Gottfried von Spätgen, als repräsentativen Sitz in seiner neuen Residenzstadt

Das ehemalige Stadtschloss der preußischen Könige und der Barockgarten à la française

Der Grabstein des im August 1203 verstorbenen ›David mit der lieblichen Stimme‹, der vermutlich Kantor in der Breslauer Synagoge und Sohn eines Rabbis gewesen war, wurde 1917 im Breslauer Dom gefunden. Heute kann er im Museum bewundert werden – immerhin der **älteste jüdische Grabstein in Polen.**

Delfter Kacheln aus dem 18. Jh. mit Landschafts- und Bibeldarstellungen schmücken das Beyers- dorf-Zimmer im Schloss.

Breslau. In diesem Palais, dem einzigen erhaltenen Teil des später weitläufig ausgebauten Königsschlosses, ist das **Historische Museum** 1 untergebracht. Im Innenhof vor dem Eingang stehen 20 Säulen, die die wichtigsten Daten der Breslauer Stadtgeschichte zeigen – 1000 Jahre im Schnelldurchlauf. Auf der anderen Gebäudeseite schließt sich ein **Barockgarten** 2 im französischen Stil an, der 2008 nach historischen Vorbildern rekonstruiert wurde. Er lädt im Sommer zu einem Rundgang oder einem Besuch im Gartencafé ein.

Multimediale Präsentation

Im Schloss durchwandern Sie Stationen der Breslauer Stadtgeschichte, multimedial präsentiert: von den ersten Siedlungen auf der Oderinsel im 10. Jh. durch alle piastischen, böhmischen, österreichischen, preußischen und polnischen Zeiten bis heute. Vielfältige Exponate illustrieren anschaulich das Leben der Menschen in dieser Stadt im Mittelalter, in der Frühen Neuzeit, zu friderizianischen Zeiten, im 19. und 20. Jh. Audioguides, Filme, Display-Stationen und der Museumsshop informieren auch deutschsprachig. Im letzten Ausstellungsraum stehen sich die Besucher dank eines großen Spiegels schließlich Auge in Auge selber gegenüber, sind im Hier und Jetzt der Gegenwart angekommen. Aktueller geht es nicht!

Auf dem Weg durch die mehr als 20 Säle lernen Sie auch einige historische Schauplätze wie die königlichen Gemächer im ersten Stock kennen, darunter den geschichtsträchtigen gelben Saal. Hier veröffentlichte König Friedrich Wilhelm III. seinen Aufruf »An mein Volk«: Die preußischen Untertanen sollten im Befreiungskrieg gegen Napoleon kämpfen. Schon eine Woche vorher hatte der König hier die Stiftungsurkunde für das Eiserne Kreuz, den bekanntesten deutschen Orden, unterzeichnet.

Erhaltene Originale

Zu sehen sind viele Breslauer Unikate: in der Eingangshalle ein Fries mit Allegorien aus der Welt des Handels aus dem alten Molinari-Haus in der Albrechtstraße (ul. Wita Stwosza) und im ersten Stock ein barockes Zimmer mit Delfter

INFOS/ÖFFNUNGSZEITEN
Historisches Museum (Muzeum Historyczne) 🔳: im Königsschloss, ul. Kazimierza Wielkiego 34/35, T 071 391 69 40, www.mmw.pl, Di–Fr 10–17, Sa/So 10–18 Uhr, Dauerausst. Eintritt frei

KULINARISCHES FÜR ZWISCHENDURCH
Brasserie 27 ❶: ul. Kazimierza Wielkiego 27, T 071 371 44 71, www.brasserie27.com, tgl. 7–23 Uhr, 3-Gänge-Menü um 9 €

NOCH MEHR BUMMELN
Galeria Platon 🔳: ul. Krupnicza 13, T 071 797 02 50, www.galeriaplaton.pl, Mo–Fr 11–19, Sa 11–15 Uhr

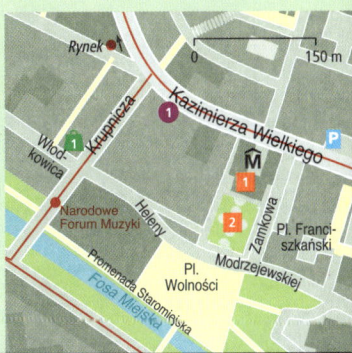

Cityplan: Karte 2, aB 3 | **Tram** 0, 3, 4, 5, 6, 7, 10, 14, 23, 24, 31, 32, 33 Rynek

Kacheln aus dem Haus des Kaufmanns Adrian Bögel am Salzring 18. Ebenfalls im ersten Stock kann man einen Hammerflügel der Breslauer Firma Traugott Berndt besichtigen sowie eine große Tafel, festlich gedeckt mit dem Service ›Breslauer Stadtschloss‹ der Königlichen Porzellan-Manufaktur Berlin, das bis heute produziert wird. Auch viele andere Exponate erinnern an typische Breslauer Erzeugnisse von Haase-Bier bis zu Lemor-Silber.

In einem der Seitenflügel stellt das Museum eine beeindruckende Kollektion Breslauer Kunst aus: im ersten Stock Werke aus der Zeit von 1850 bis 1945, darunter von Adolf Dressler, Ludwig Meidner, Eugen Spiro, Artur Wasner oder Max Wislicenus, im zweiten Stock Arbeiten aus der Zeit von 1945 bis 2000, etwa von Maria Dawska, Eugeniusz Geppert oder Eugeniusz Get-Stankiewicz.

→ UM DIE ECKE

Nicht weit vom Schloss zeigt die **Galeria Platon** 🔳 zeitgenössische polnische Kunst. Auf einer ihrer drei Etagen zeigt die Galerie Kupferstiche des Breslauer Künstlers Eugeniusz Get-Stankiewicz. Wenige Schritte vom Schloss entfernt liegt die **Brasserie 27** ❶ im Erdgeschoss des Hotels Europeum. Hier essen Sie vorzüglich – der Küchenchef bevorzugt regionale Produkte.

Shoppingmeile mit Oper – **Schweidnitzer Straße**

 # 10

Die Schweidnitzer Straße ist mit ihren Kaufhäusern, Theatern und Kirchen die eleganteste Straße Breslaus. Modeboutiquen und Delikatessenläden, Cafés und Restaurants präsentieren sich stilvoll in restaurierten Gebäuden aus Klassizismus, Jugendstil und Moderne, vom ehemaligen Kaufhaus Wertheim der 1920er-Jahre bis zur Luxuseinkaufspassage von heute.

Barbara – Treff- und Infopunkt, modernes Kulturzentrum und immer für eine Überraschung gut: Nicht vorbei-, sondern reingehen!

Von der südöstlichen Ecke des Rings führt die Schweidnitzer Straße (ul. Świdnicka) seit dem Mittelalter nach Süden Richtung Schweidnitz. Vom Ring bis zur Oper ist die Straße Fußgängerzone. Hier werden die Passanten von den Breslauer Zwergen begleitet – gleich zu Beginn treffen Sie auf die beiden **Sisyphos-Zwerge** **1**, die ebenso eifrig wie erfolglos eine große Granitkugel durch die Fußgängerzone zu schieben versuchen.

Ursprung der Breslauer Zwergenwelt

Wenige Schritte weiter auf der rechten Straßenseite ist das ehemalige **Handelshaus von Paul Schottländer** 🔒 (Nr. 7), verkleidet mit einer roten Sandsteinfassade. Für die Rolltreppen der heutigen H&M-Filiale wurde der Innenhof des Gebäudes mit einem Glasdach versehen.

An der Ecke ul. Kazimierza Wielkiego liegt die **Bar Barbara,** seit 2016 auch das Büro der Europäischen Kulturhauptstadt Breslau. Die Straßenecke war bekannt als Aktionsort der oppositionellen Happening-Bewegung ›Alternative in Orange‹, die sich hier in den 1980er-Jahren traf und Zwerge als Widerstandssymbol einsetzte (▶ S. 6). Zur Erinnerung an damals steht hier die Bronzefigur des »**Papa Krasnal**« **2**, der 2001 als erste Zwergenskulptur aufgestellt worden sein soll.

Tradition in neuem Glanz

Auf der anderen Straßenseite geht es vorbei an den ersten postmodernen Gebäuden Breslaus, den Kaufhäusern **Solpol I** **3** (Nr. 21) und **Sopol II** **4** (Nr. 18–20) aus den 1990er-Jahren bis zum Ende der Fußgängerzone am pl. Teatralny. Auf dem Platz vor den Gebäuden von Oper und Hotel Monopol zeichnet heute die rötliche Pflasterung den Grundriss des äußeren **Schweidnitzer Stadttores** nach, das an der Wende zum 14. Jh. entstanden war und zu Beginn des 19. Jh. von den Franzosen als Teil der alten Stadtbefestigung niedergebrannt wurde. Noch vor diesem Stadttor liegt die **Dorotheenkirche** **5** (Kościół św. Doroty, Eingang von der Rückseite, ▶ S. 83), die den hll. Dorothea, Stanisław und Wenzel geweiht ist.

Auf das große rote Kirchendach, die Dächer der Altstadt und die Oper schauen Sie von der verglasten Restaurantterrasse der Sky Bar des benachbarten neobarocken **Hotel Monopol** 🔒. Seit der grundlegenden Restaurierung vor wenigen Jahren sind im Erdgeschoss des Hotels wieder luxuriöse Geschäfte untergebracht. Von exklusiver Markenmode (Yves Saint-Laurent, Gucci, Givenchy, Lanvin, u. a. m.) bis zu italienischen Delikatessen gibt es in der Passage von **Likus Concept Store** mit Vinothek alles in edelstem Ambiente.

Die Breslauer Oper, ein klassisches Opernhaus, wurde nach zehnjähriger Restaurierung 2006 neu eröffnet.

Oper

OPERN-BREAK

Der schönste Platz für den **Pausensekt** in der Oper ist im Sommer die **Terrasse** über dem Haupteingang.

Kulturelles Highlight

1841 entstand die **Breslauer Oper** `6` (Opera Wrocławska) nach Entwürfen von Carl Ferdinand Langhans, die nach fast zehnjähriger Renovierung heute einen der kulturellen Magneten der Stadt darstellt. Das traditionsreiche Haus mit rot-goldenem Interieur und 700 Zuschauerplätzen ist für opulente Inszenierungen polnischer wie internationaler Opern bekannt (darunter besonders gerne Werke von Richard Wagner, aber auch heutige).

Modernistisches Einkaufsparadies

In Sichtweite liegen hier das Backsteingebäude der **Corpus-Christi-Kirche** `7` (Kościół Bożego Ciała), die **Altstadtpromenade** `8` (▸ S. 40) und das **Kaufhaus Renoma** `2`. Investoren und Denkmalschützer engagierten sich gemeinsam, um das elegante ehemalige Kaufhaus Wertheim mit möglichst originalgetreuen Materialien und modernstem Standard zu versehen. Trotz Wirtschaftskrise hatte die Firma Wertheim das Haus 1929/30 nach Entwürfen von Hermann Dernburg in nur acht Monaten mit viel Gold, Glas und Stahl errichtet. Das damals größte Stahlskelettgebäude Europas ist verkleidet mit verschiedenfarbigen, glasierten Ziegeln, geschmückt mit zum Teil vergoldeten Keramikköpfen und floralen Plastiken, goldenen Mosaikstreifen im Haupteingang, Messingprofilen an Vitrinen und Fenstern. Seit seiner Wiedereröffnung im Frühjahr 2009 macht es als Renoma (dt. Renommee) seinem Namen wieder alle Ehre: 120 Geschäfte und Boutiquen auf fünf Etagen bieten Mode von Esprit bis Zara, Delikatessen, Kinder-, Sport-, Lifestyle- und Multimediaartikel.

Bunte Glasfenster à la Mondrian im neuen Anbau des Renoma-Kaufhauses

Noch mehr Politisches

Auf der Südseite des Renoma weitet sich die Schweidnitzer Straße zum Kościuszko-Platz mit Bank- und Hotelgebäuden aus dem 19. Jh. Das Denkmal für die **»Kämpfende Solidarität«** `9` in der Mitte des Platzes erinnert an eine weitere Breslauer Oppositionsgruppe der 1980er-Jahre. Die Bebauung des letzten Teils der Schweidnitzer Straße entstand in der Stalinzeit im Stil des sozialistischen Realismus, als die Straße sogar in ul. Stalingradzka umbenannt war (bis 1957).

INFOS/ÖFFNUNGSZEITEN

Hotel Monopol 🛏️: ul. Świdnicka 33,
▶ S. 88; Likus Concept Store,
T 071 772 36 34, www.likusconcept
store.pl/wroclaw, Mo–Sa 11–20,
So 11–17 Uhr; Sky Bar, 6. Stock,
T 071 772 37 77, Bar 12–16,
Restaurant 18–22 Uhr
Breslauer Oper 🎭: ul. Świdnicka 35,
T 071 370 88 80, www.opera.wroclaw.
pl, Kasse Mo–Sa 12–19, So 11–18 Uhr

EINKAUF UND SIGHTSEEING

Handelshaus von Paul Schottländer
🛍️: ul Świdnicka 7, T 071 347 21 40,
Mo–Sa 10–21, So 10–17 Uhr
Renoma 🛍️: ul. Świdnicka 40, T 071
772 58 20, www.renoma-wroclaw.pl,
Mo–Sa 9–21, So 10–20 Uhr
Sky Tower 🛍️: ul. Powstańców
Śląskich 73–95, www.galeria.skytower.
pl, Mo–Sa 9–21, So 10–20 Uhr

Cityplan: Karte 2, aB 3/4 | **Tram** 3, 4, 6, 7, 10, 23, 33 Świdnicka, Renoma, Arkady

Ganz am Ende der Schweidnitzer Straße werden Sie noch einmal an die Zeit der Untergrundbewegung in den 1980er-Jahren erinnert, wenn Sie sich an der Ecke ul. Piłsudskiego in der Installation des **Passagen-Denkmals** 🔟 (das Original befindet sich im Nationalmuseum) wiederfinden, bei dem einige der Bronzefiguren ›im Untergrund‹ verschwinden und auf der anderen Straßenseite wieder auftauchen – als Bild für die Erlebnisse vieler politisch engagierter Landsleute, die sich damals vor der Staatssicherheit verstecken mussten. Gegenüber von den Bronzefiguren liegt das beliebte **Musicaltheater Capitol** 11️⃣, erst vor kurzem komplett wieder aufgebaut.

→ UM DIE ECKE

Nur vier Straßenbahnhaltestellen vom Renoma entfernt liegt der Wolkenkratzer **Sky Tower** 🛍️ mit dem luxuriösesten Einkaufszentrum der Stadt. Den besten Panorama-Rundblick über die Stadt bietet der Aussichtspunkt im 49. Stock (▶ S. 103).

11

Mehr als nur ein Verkehrsknotenpunkt – **Wrocław Główny**

Ein Bahnhof wie im Märchen, mit Türmchen und Zinnen. Dank der Fußballeuropameisterschaft 2012 wurde das historische Bahnhofsgebäude bis ins kleinste Detail restauriert. Die sehenswerte Station Wrocław Główny war schon mehrfach Filmkulisse.

In der freundlichen, hellen Hauptbahnhofshalle trösten Cafés und Restaurants auf das Angenehmste über Wartezeiten hinweg. Sehenswert sind auch die restaurierten Säle im ersten Stock.

Dobry Wieczór we Wrocławiu 1, »Guten Abend in Breslau«, begrüßen grüne Neonbuchstaben auf dem Gebäude gegenüber die Ankommenden. Daneben hält eine 2,5 m große Figur mit Hut eine Blume in der Hand. Das Männchen mit Neonschriftzug wurde 1985 neu gestaltet, ursprünglich stammt es von Janusz Tarantowicz (1962). Aus dem Jahr 2016 ist das rote Symbol der Europäischen Kulturhauptstadt direkt daneben.

Der Bahnhof im englischen Tudorstil wurde 1855–57 vom Architekten der Oberschlesischen Eisenbahn Wilhelm Grapow gebaut. Breslau mit damals schon mehr als 100 000 Einwohnern hatte damit das zu dieser Zeit größte Bahnhofsgebäude Deutschlands: mit Halle, Wartesälen der 1., 2. und 3. Klasse, Restaurant und Post nebenan. In der hell gestalteten **Empfangshalle** **2** mit Spitzbögen, Oberlichtern und Jugendstilornamenten bieten heute digitale Anzeigetafeln die wichtigsten Informationen über ankommende und abfahrende Züge. Wer es eilig hat, gelangt geradeaus direkt in den Haupttunnel mit den Gleisaufgängen.

Märchenbahnhof mit Türmen und Zinnen im Tudorstil

Stilvoll und modern

Quer vor dem Tunnel liegt die **Bahnhofshalle** **3** parallel zu den **Gleisen** **4**. Hier weist die grün leuchtende Neonschrift »Kasy biletowy« (dt. Fahrkartenschalter) im Retrostil der 1960er-Jahre auf die Ticketschalter hin. Hinter den Fenstern der Kassen mit historischer Holzausstattung surren moderne Fahrkartendrucker. In die Bahnhofshalle sind Restaurants und Cafés eingezogen. Die Räume liegen auf der Nordseite etwas erhöht auf einer Galerie. Gegenüber auf der Südseite der Halle versorgen sich Reisende mit Proviant und Lesestoff oder nutzen die Warteräume neben den Kassen. Über der Bahnhofshalle wurde im ersten Stock auch der große, repräsentative **Kaisersaal** mit einer Jugendstil-Kassettendecke restauriert.

Sprung ins Industriezeitalter

Für die Entwicklung von Stadt und Industrie war der Bahnhof Mitte des 19. Jh. von großem Vorteil, erleichterte er doch die Verbindung nach Berlin, Dresden, Leipzig, Hamburg und Wien. Der Bahnhof am Stadtrand wurde zum Treffpunkt für Einwohner und Gäste, Cafés, Restaurants und Hotels entstanden in der Umgebung. Heute nutzen jedes Jahr ca. 5,6 Mio. Menschen den Bahnhof im Stadtzentrum. Die Fahrt nach Berlin dauert 5 Std., der legendäre ›Fliegende Schlesier‹ bewältigte die Strecke zwischen 1936 und 1939 in nicht einmal 3 Std. An der Station Breslau machte zwischen 1916 und 1918 der Balkanzug Halt, 2007 und 2011 auch der berühmte Orientexpress.

Ab 23 Uhr wird das Hauptgebäude des Bahnhofs geschlossen, dann öffnet der Nachtbahnhof (Eingang von der Rückseite, ul. Sucha).
Auf der Rückseite des Bahnhofgebäudes entsteht am Ort des alten Busbahnhofs das Einkaufs- und Bürozentrum **Wratislavia.** Der neue Breslauer **Busbahnhof** ist mittlerweile unterirdisch zu finden.

INFO
Wrocław Główny: ul. Piłsudskiego
105, T 071 717 21 07, http://
wroclawnowyglowny.pl

Cityplan: Karte 2, aC 5 | **Tram** 0, 2, 5, 8, 9, 11, 15, 31, 32 Dworzec Główny

Drehort Bahnhof

Nach dem Zweiten Weltkrieg lieferte der Bahnhof mehrfach die Kulisse für Filmaufnahmen des
polnischen Fernsehens. Außerdem erinnert eine
bronzene **Gedenktafel für Zbigniew Cybulski**, die
am Aufgang zu Gleis 3 in den Boden eingelassen ist, an den polnischen James Dean, der nach
Dreharbeiten in der Stadt am 8. Januar 1967 auf
einen abfahrenden Zug aufspringen wollte und
dabei tödlich verunglückte.

Drachen und Legenden

Die Verjüngungskur brachte dem Bauwerk nicht
nur eine zeitgemäße Infrastruktur und Barriere-
freiheit, auch viele Ornamente und Details kamen
wieder zum Vorschein. So sind selbst die stilisier-
ten schmiedeeisernen Drachen auf den Bahnstei-
gen wieder da, die zum Jugendstildekor gehörten:
Der letzte **Originaldrache** auf Gleis 5 diente einem
Breslauer Schmied als Vorlage für die Rekonstruk-
tion der übrigen verloren gegangenen 16. Um den
Bahnhof ranken sich auch Legenden, besonders
um seine unterirdischen Tunnel. So soll sich dort
im Zweiten Weltkrieg ein Krankenhaus befunden,
die Rote Armee drei Stockwerke geflutet haben.
Tatsächlich aber dienten die Tunnel dem Waren-
und Posttransport und wurden nur von der Oder
(so auch 1997) geflutet.

Bahnhofsgebäude

2012 wurde auch der Vorplatz neu gestaltet.
Die Bahnhofsrestaurants und -cafés haben hier
nun ihre Sommerterrassen. An verschiedenen Stellen des Platzes gibt es Eingänge – nicht zur Bahn-
hofsunterwelt, sondern ›nur‹ zur Tiefgarage …

Museen im Grünen – rund um den Juliusz-Słowacki-Park

12

Rund um den Juliusz-Słowacki-Park an der Oder liegen gleich mehrere wichtige Breslauer Museen: Zu sehen sind schlesische und polnische Kunstschätze sowie eine Ausstellung zur Breslauer Architektur. Außergewöhnlich: das Panorama von Racławice.

Im Inneren des Rundbaus mit dem **Panorama von Racławice** 1 (Panorama Racławicka) sammeln sich im Halbstundenrhythmus Besuchergruppen. Ausgestattet mit Audioguides in zwölf Sprachen begeben Sie sich den langsam ansteigenden Weg nach oben in die Rotunde. Auf der Aussichtsplattform angekommen, befinden Sie sich plötzlich wie auf einem Hügel mitten in einer Schlacht. Von der einen Seite stürmen aufge-

Mitten im Schlachtgetümmel! Auf dem Panoramabild von Racławice verfolgen Sie analog und doch in 3D die Kämpfe von 1794 zwischen den russischen Truppen und den polnischen Einheiten.

Die spannende Zeitreise im Panorama dauert nur 30 Min. Die **Eintrittskarte** gilt aber auch für das Nationalmuseum.

brachte Bauern mit Sensen durch den Feldweg heran, daneben eine Reitergruppe mit dem Nationalhelden Tadeusz Kościuszko an der Spitze, ein Stück weiter beten Bauern an einem Feldkreuz, ein polnischer Husar bringt eine Meldung, auf der anderen Seite fliehen die russische Artillerie und ein Panjewagen. Wohin man auch schaut – rundum ist auf 15 m x 114 m Leinwand der Sieg der polnischen Armee über die russische in der Schlacht bei Racławice lebensnah dargestellt.

Das Ereignis am 4. April 1794 war eine der ersten militärischen Auseinandersetzungen während des Kościuszko-Aufstands, in dem die Polen sich gegen die zweite Teilung ihres Landes von 1792 zur Wehr setzten. Unter Führung des polnischen Generals und amerikanischen Freiheitskämpfers Tadeusz Kościuszko endete die Schlacht zwar siegreich für Polen, doch der Aufstand scheiterte letztlich. In der Folge wurde Polen 1795 ein drittes Mal unter Preußen, Russland und Österreich aufgeteilt und verschwand für 123 Jahre komplett von der europäischen Landkarte.

Von Lemberg nach Breslau

Zum 100. Jahrestag der Schlacht im Jahre 1894 schufen die Maler Wojciech Kossak und Jan Styka mit einem mehrköpfigen Team in wenigen Monaten das bis heute einzige monumentale Rundgemälde in Polen. Ursprünglich im damals österreichischen Lemberg (heute L'viv/Ukraine) ausgestellt, wurde es nach dem Zweiten Weltkrieg nach Breslau gebracht, wo ab 1968 dafür die Rotunde gebaut wurde. Der Sieg von Racławice galt bis in die Solidarność-Zeit in den 1980er-Jahren als Ermutigung, das Panorama als ein patriotischer Ort für die Polen. Wegen seiner symbolischen Bedeutung durfte das ›antirussische‹ Panorama allerdings bis 1985 nicht gezeigt werden.

Ein Haus der offenen Tür ist das Nationalmuseum Breslau mit seinen wertvollen Sammlungen und Sonderausstellungen.

Kunstschätze vom Mittelalter bis heute

Schräg gegenüber im **Nationalmuseum Breslau** [2] (Muzeum Narodowe we Wrocławiu), dem Gebäude der ehemaligen preußischen Provinzialregierung, sind außergewöhnliche Kunstschätze ausgestellt: schlesische Kunst vom 12.–19. Jh., – darunter das berühmte Reliquiar der hl. Dorothea (1410), der Patronin der Bürgerschaft. Daneben ist Kunst bekannter europäischer Maler aus fünf Jahrhunderten zu sehen, u. a. Werke von Pieter Brueghel d. J., Lucas Cranach, Francisco de Zurbarán und Wassily Kandinsky. Moderne polnische Kunst vom 20. Jh. bis zur Gegenwart wird seit 2016 im Vier-Kuppel-Pavillon ausgestellt (▶ S. 70), u. a. Werke von Magdalena Abakanowicz und Eugeniusz Get-Stankiewicz.

Alles rund um's Bauen

Der schlichte Eingang täuscht: Dahinter befindet sich das in Polen einzigartige **Architekturmuseum** **3** (Muzeum Architektury i Archiwum Budowlane). Die große Sammlung zeigt Breslauer und schlesische Exponate verschiedener Epochen: architektonische und kunsthandwerkliche Details aus Breslauer Häusern und Kirchen, Glasfenster, Fliesen, Stadtpläne, Entwürfe und Bauzeichnungen. Sonderausstellungen zur Architektur der Moderne bilden einen reizvollen Kontrast zu den mittelalterlichen Räumen des ehemaligen Bernhardinerklosters. Der Museumsshop mit Bildbänden über die Jahrhunderthalle oder bekannte Architekten lohnt einen Besuch.

Warum guckt sie so traurig? Vielleicht weil ihr Bleiglasfenster jetzt kein Haus mehr schmückt, sondern im Architekturmuseum gelandet ist?

INFOS/ÖFFNUNGSZEITEN

Panorama von Racławice **1**: ul. Purkyniego 11, T 071 344 16 61/62, www.panoramaraclawicka.pl, 1.4.–31.10. tgl. 8–19.30, 1.11.–31.3. Di–Fr 9–16.30, Sa 9–18–30, So 9–17.30 Uhr, Kartenreservierung per Internet möglich, 7,50/4,75 €

Nationalmuseum Breslau **2**: pl. Powstańców Warszawy 5, T 071 372 51 50, www.mnwr.art.pl, April–Sept. Di–Fr, So 10–17, Sa 10.30–18, Okt.–März Di–Fr 10–16, Sa/So 10–17 Uhr, 5/3,75 €, Sa Eintritt frei

Architekturmuseum **3**: ul. Bernardyńska 5, www.ma.wroc.pl, Di–So 10–18 Uhr, 2,50/1,75 €, Mi Eintritt frei

KULINARISCHES FÜR ZWISCHENDURCH

Nach ›geschlagener Schlacht‹ im Panorama können Sie sich im Hotel **Radisson Blu** **1** (ul. Purkyniego 10, T 071 375 00 00) erholen und nebenbei im Gartenrestaurant die ausgestellten Skulpturen bewundern. Sie gehören zur Akademie der Schönen Künste, die sich mit dem Hotel den Innenhof teilt.

13

Wider das Vergessen – der Alte Jüdische Friedhof

Der Alte Jüdische Friedhof (Stary Cmentarz Żydowski) mit Gräbern bekannter Schriftsteller, Kaufleute, Wissenschaftler, Bankiers und Politiker wird auch als Pantheon der Breslauer Juden bezeichnet. Mit der steinernen Friedhofsstadt wurde eine Kulturlandschaft ganz außergewöhnlicher Art vor dem Vergessen bewahrt.

Der Alte Jüdische Friedhof ist – Ironie der Geschichte – der einzige große erhaltene Friedhof aus dem deutschen Breslau und Spiegelbild der damaligen jüdischen Stadtgesellschaft.

Bis zum Holocaust lebte die drittgrößte jüdische Gemeinde Deutschlands in Breslau. Ihre Mitglieder wurden – sofern sie nicht rechtzeitig Deutschland verlassen konnten – von den Nationalsozialisten fast ausnahmslos deportiert und ermordet. Der Jüdische Friedhof an der ul. Ślężna, der früheren Lohestraße, ist ein Abbild ihrer Lebenswelt. Wie durch ein Wunder entging der Friedhof der Zerstörung, nicht zuletzt dank der Tatsache, dass man ihn zum ›Museum der Friedhofskunst‹ erklärte. Umgeben von einer Mauer, die von außen kaum auf den Friedhof hinweist, erreichen Sie den **Eingang** 1 über die kleine Seitenstraße ul. Ferdynanda Lassalla.

Stimmungsvolle Spaziergänge

Ein Besuch ist immer ein Erlebnis: An Sommertagen finden Sie an diesem Ort der Erinnerung die Mausoleen, Stelen, Säulen, Obelisken und teils schlichte Grabsteine überwuchert von Grün. Im Herbst schmücken bunte Blätter und wilder Wein den Friedhof mit warmen Farben. Ein Spaziergang durch die winterlichen Alleen ist unvergesslich, wenn die weiße Schneedecke die Formen der Grabstätten und künstlerischen Dekorationen verschiedenster Strömungen betont.

Der Schriftsteller **Paul Mühsam** (1876–1960) suchte am 26. März 1924 das Grab seiner Großmutter **Charlotte Mühsam** 2 (1810–70) auf. In seinen Tagebuchaufzeichnungen »Mein Weg zu mir« beschreibt er, wie ihn die tiefe Stille ergriff: »Ein Zitronenfalter flog über das Grab hin. Ein Käfer schob sich auf dem verwitterten Leichenstein vorwärts. Lange stand ich sinnend.«

Gerettete Kulturlandschaft

Als erster wurde 1856 der Kaufmann **Löbel Stern** 3 auf diesem Friedhof bestattet, der in der Folge zur Ruhestätte für insgesamt 12 500 Breslauer und zum repräsentativen Ehrenfriedhof werden sollte. Traditionell schmucklose Grabsteine stehen hier eng neben monumentalen Mausoleen. Viele dekorative Steinmetz-, Schmiede- oder Bildhauerarbeiten der Grabanlagen wurden zerstört oder sind verwittert. Vor allem edle Steine wie toskanischer Marmor oder finnischer roter Granit, die sich begüterte jüdische Bürger leisten konnten, überdauerten. Durch die Benutzung als Schuttabladeplatz in der Nazizeit und durch zeitlich bedingten Verfall sind von vielen Gräbern nur noch Überreste erhalten. Manche Anlagen werden durch Hilfskonstruktionen gestützt. Inschriften sind verloren gegangen, Einschüsse aus den Tagen des Kampfes um die Festung Breslau 1945 sind erkennbar. Dank des unermüdlichen Engagements von **Maciej Łagiewski,** des heutigen Direktors des Städtischen Museums, begann 1984 die Sicherung und Instandsetzung des Friedhofs, der 1975 als historisches Baudenkmal anerkannt worden war.

ÜBRIGENS

Bereits 1902 wurde ein neuer Jüdischer Friedhof in **Cosel,** dem heutigen Stadtteil Kozanów (ul. Lotnicza 51) eröffnet, da der Friedhof an der Lohestraße zu klein geworden war. Nach dem Ersten Weltkrieg errichtete man hier ein großes Ehrenmal für die gefallenen jüdischen Soldaten, in dem 432 Namen verzeichnet sind. Der Friedhof wird auch heute noch von der jüdischen Gemeinde genutzt.

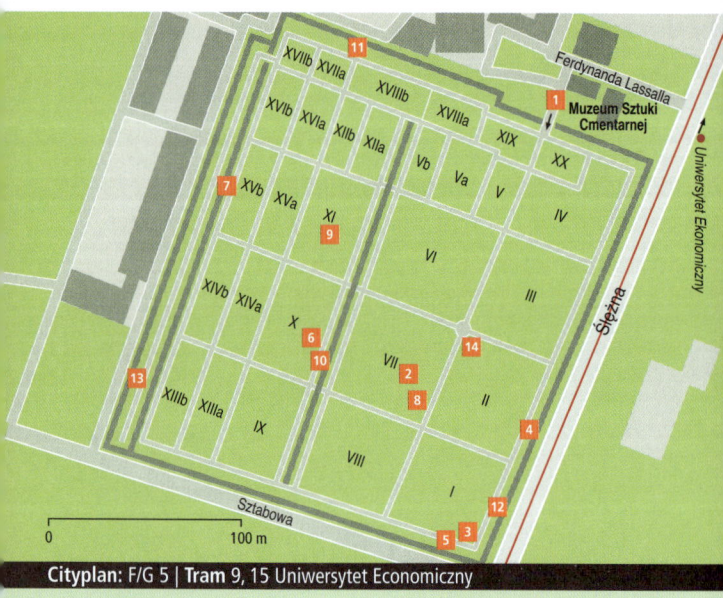

Cityplan: F/G 5 | **Tram** 9, 15 Uniwersytet Economiczny

INFOS/ÖFFNUNGSZEITEN

Alter Jüdischer Friedhof (Stary Cmentarz Żydowski): ul. Ślężna 37/39, Huby, www.mmw.pl, tgl. 10–18 Uhr, deutschsprachige Führung möglich (T 071 347 16 96, App. -332), 1,75/1,25 €

Prominente Breslauer

Ein Lageplan am Eingang hilft, die Grabstätten bekannter Persönlichkeiten zu finden. Das Grab von **Ferdinand Lassalle** 4, einem der Gründerväter der deutschen Arbeiterbewegung und der Sozialdemokratischen Partei Deutschlands, war eines der ersten, die Mitte der 1980er-Jahre rekonstruiert wurden. Der gebürtige Breslauer beteiligte sich 1848 an den revolutionären Bewegungen im Rheinland. 1863 gründete er in Leipzig den Allgemeinen Deutschen Arbeiterverein und legte damit die Grundlage für die Sozialdemokratie in Deutschland. Er starb am 31. August 1864 nach einem tödlichen Schuss bei einem Duell in Genf, doch seine Mutter ließ ihn in Breslau begraben.

Auch Mitglieder der Kaufmannsfamilie Pringsheim, aus der Thomas Manns Ehefrau Katia stammte, sind hier begraben. Zur Prominenz gehört auch die Schriftstellerin **Friederike Kempner** 5 (1828–1904), die als ›Schlesischer Schwan‹ (auch: ›Schlesische Nachtigall‹) bekannt wurde. Historiker

wie **Heinrich Graetz** 6 (»Geschichte der Juden«)
oder Mitglieder der **Familie Cohn** 7, Verwandte
des 1941 nach Litauen deportierten Historikers
und Tagebuchautors **Willy Cohn** (»Kein Recht, nir-
gends«), sind hier bestattet, ebenso **Auguste** 8
und Siegfried Stein 9, die Eltern der 1942 nach
Auschwitz deportierten Philosophin und später
heiliggesprochenen Karmelitin Edith Stein.

Vielfältige Architekturstile

Zu den besonders repräsentativen Grabstätten
gehört das Mausoleum des Industriellen und
Mäzens **Julius Schottländer** 10, 1908 der reichs-
te Breslauer Bürger, und dessen Sohn **Dr. Paul
Schottländer,** Ehrensenator der Universität Breslau und Eigentümer des Handelshauses in der
Schweidnitzer Straße (▶ S. 55). Nicht weniger
reich ausgestattet ist das Grabmal des Teilhabers
der Breslauer Baumwollspinnerei **Max Kauffmann**
11 im maurischen Stil. Manche jüdische Bürger
wurden hoch geehrt für ihr soziales Engagement,
so der Bankier **Löbel Milch** 12 als Kurator der Frän-
ckelschen Stiftungen oder **Paula Ollendorf** 13, die
sich für die jüdischen Frauen einsetzte und als
erste Frau in Deutschland demokratische Stadt-
verordnete in Breslau wurde (1919/20).

Inschriften und Symbole

Der Friedhof spiegelt die Rolle wohlhabender
Kaufleute, Bankiers, Unternehmer, Wissenschaftler und Politiker in der Gesellschaft wider und die
religiöse Situation in Breslau im 19. Jh. So gibt
es Gräber mit deutschen, hebräischen oder zwei-
sprachigen Inschriften.Während einerseits orthodoxe Juden wie der Landesrabbiner **Gedalje Tiktin**
14 hier die letzte Ruhestätte fanden, wurden auch
viele liberale Juden an der Lohestraße bestattet.

    Zeichen wie segnende Hände oder Kannen
weisen traditionell auf die Herkunft der Be-
statteten aus Priester- oder Levitenfamilien hin.
Manche Grabsteine tragen literarische Zitate wie
etwa Goethes »Edel sei der Mensch, hilfreich und
gut«. Lessings Worte von der gebrochenen Rose
aus dem bürgerlichen Trauerspiel »Emilia Galot-
ti« sollen vermutlich den Selbstmord der Toten
andeuten. Solche literarischen Anspielungen dokumentieren die tiefe Verwurzelung der Breslauer
Juden in der deutschen Kultur.

*Entdecken Sie den Alten
Jüdischen Friedhof mit
seinen vielen spannen-
den Details zu allen
Jahreszeiten!*

Monumental, multimedial – **die Jahrhunderthalle**

Ein außergewöhnliches Raumerlebnis vermittelt die imposante Jahrhunderthalle, die 2006 Aufnahme in die UNESCO-Welterbeliste fand. Die moderne Eisenbetonkonstruktion von 1913 ist heute eines der Wahrzeichen der Stadt.

Architekten wie Hans Scharoun, Erich Mendelsohn, Max Berg oder Hans Poelzig verliehen Breslau in den ersten Jahrzehnten des 20. Jh. avantgardistische Eleganz: Sie prägten mit ihrem Neuen Bauen das moderne Gesicht der Stadt. Die monumentale **Jahrhunderthalle** 1 (Hala Stulecia), eine Pionierleistung der Baugeschichte, ist ein Werk des damaligen Breslauer Stadtbaurats Max Berg. Sie wurde mit Rekordmaßen in Re-

›Himmelsstützen‹ auf dem Ausstellungsgelände vor den beiden Wahrzeichen Breslaus: »Iglica« und Jahrhunderthalle

kordzeit gebaut, 65 m Spannweite machten die Kuppel zur größten der Welt. Stahlbeton und Bogenkonstruktionen hatten schon einige Jahre zuvor Richard Plüddemann und Heinrich Küster erfolgreich in Breslau beim Bau der Markthalle (▶ S. 100) am Oderufer gegenüber der Sandinsel eingesetzt.

Die Jahrhunderthalle auf der ›großen Insel‹ zwischen Oder und Oderkanälen gilt als eines der ersten Beispiele einer ›Architektur für die Massen‹ und als ›Dom der Demokratie‹. Hier finden Ausstellungen und Kongresse, Sportveranstaltungen und Festivals, Bälle, Konzerte sowie die großen Aufführungen der Breslauer Oper mit Tausenden von Zuschauern statt. Sie wurde komplett restauriert. An manchen Türen ist neben den neuen Aufschriften ›Wyjście/Exit‹ auch noch das Original von 1913 erkennen: ›Ausgang‹. Gebaut wurde die Halle für die Jahrhundertfeier zur Erinnerung an den Breslauer Aufruf des preußischen Königs Friedrich Wilhelm III. von 1813 zum Befreiungskampf gegen Napoleon. Sie war Teil des neuen städtischen Ausstellungsgeländes, zu dem u. a. auch der Vier-Kuppel-Pavillon und eine Pergola von Hans Poelzig gehörten.

Multimediale Inszenierung

Alles Wissenswerte über die Halle im Stadtteil Scheitnig (Szczytniki), ihre Besonderheiten, Entstehung und Geschichte erfahren Sie im interaktiv gestalteten **Entdeckungszentrum** (Centrum Poznawcze) in der Jahrhunderthalle – eindrucksvoll, nachvollziehbar und spannend dargestellt, auch für Kinder (in Deutsch, Englisch, Polnisch). Zum Vergleich werden auch andere Objekte der UNESCO-Welterbeliste in Polen oder weitere berühmte Kuppelbauten wie das römische Pantheon vorgestellt. Höhepunkt ist die Besichtigung der Halle selbst (sofern sie nicht gerade durch Sonderveranstaltungen belegt ist): Direkt unter der weiten Kuppel stehend können Besucher zu jeder vollen Stunde die eindrucksvolle Installation **»0(Omicron)«** erleben, eine Arbeit von Romain Tardy und Thomas Vaquié. Ihre Faszination durch die lebendige Architektur der Halle, ihre Dimensionen, ihre Akustik und Zeitlosigkeit setzten die beiden französischen Künstler in ein intensives Klang-Bild-Erlebnis um.

Blick in eine der vier Kuppeln, unter deren Dach neuerdings moderne polnische Kunst aus dem Nationalmuseum gezeigt wird. So war das Ausstellungsgelände rund um die Jahrhunderthalle ursprünglich gedacht: als attraktiver, lichtdurchfluteter Raum und optimale Bühne für zeitgenössische Kunstwerke wie die Arbeiten von Magdalena Abakanowicz, Tadeusz Kantor oder Jerzy Nowosielski.

Mit 800 Lichtpunkten und 300 Wasserdüsen werden zwischen Mai und Oktober Wasserspiele zu klassischer und moderner Musik gezeigt, die mit wechselnden Shows zu jeder vollen Stunde zwischen 10 und 22 Uhr zahlreiche Zuschauer anlocken. Im Winter verwandelt sich der Teich in eine Eislaufbahn. In den Sommermonaten findet rund um die Jahrhunderthalle einmal monatlich ein großer Trödelmarkt statt.

Rund um die Pergola

Das Ensemble von Jahrhunderthalle und **Pergola** 2 bildet im Sommer immer wieder Bühne und Zuschauerraum für eine der großen Openair-Opern. Neue Touristenattraktion ist hier der größte polnische **Springbrunnen** (Fontanna Wrocławska), der 2009 zum 20. Jahrestag der ersten freien Wahlen in Polen am 4. Juni 1989 eingeweiht wurde.

Vor dem Eingang der Jahrhunderthalle steht die fast 100 m hohe Stahlskulptur **»Iglica«** 3 (»Nadel«), die an die ›Ausstellung der wiedergewonnenen Gebiete‹ erinnert. Dieses Ereignis und der Internationale Kongress der Intellektuellen fanden 1948 in der Jahrhunderthalle statt.

Gleich hinter der Pergola liegt der **Japanische Garten** 4 (Ogród Japoński), der bereits 1913 als Teil einer Gartenausstellung angelegt wurde. Der heute größte Japanische Garten Europas wurde 1997 mit Pagoden, Laternen und einem Teehaus aus Nagoya gemeinsam mit japanischen Fachleuten neu gestaltet.

In neuem Licht

Nach über 100 Jahren ist der **Vier-Kuppel-Pavillon** wieder Ausstellungshalle: Im Kulturhauptstadtjahr 2016 eröffnete das Nationalmuseum hier seine Außenstelle **Muzeum Sztuki Współczesnej w Pawilonie Czterech Kopuł** 5 und kann nun endlich seine umfangreiche Sammlung moderner polnischer Kunst auf mehr als 6000 m² und in lichtdurchfluteten Räumen präsentieren – ein neues Highlight direkt neben der Jahrhunderthalle.

Modernes Wohnen im Grünen

Auf dem Breslauer Ausstellungsgelände in der Nähe des Scheitniger Parks (Park Szczytnicki) ist auch eine **Musterhaussiedlung** 6 erhalten. Sie wurde für die Werkbundausstellung »Wohnung und Werkraum« WuWA 1929 gebaut. Etliche der Musterhäuser werden inzwischen originalgetreu restauriert. Ähnlich wie die Architekten der Stuttgarter Weißenhofsiedlung

INFOS/ÖFFNUNGSZEITEN

Jahrhunderthalle 1**:** ul. Wystawowa 1, T 071 347 51 50, www.halastulecia.pl; Centrum Poznawcze (Entdeckungszentrum), www.centrumpoznawcze.pl, T 071 347 50 47, April–Okt. Mo–Do 9–18, Fr/Sa 9–19, So 9–18 Uhr, Nov.–März tgl. 9–17 Uhr, 3/2,25 €; Videomapping, T 071 347 51 51, Mo–Do 16, Fr 17–20, Sa 11–20, So 11–18 Uhr zu jeder vollen Stunde (auch im Internet: http://vimeo.com/41486619).
Japanischer Garten 4**:** ul. Mickiewicza, www.wroclaw.pl/ogrod, April–Okt. 9–19 Uhr, 1/0,50 €
Muzeum Sztuki Współczesnej w Pawilonie Czterech Kopuł 5**:** ul. Wystawowa 1, T 071 343 56 43. April–Okt. Di, Do 10–17, Mi 9–17, Fr 10–19, Sa 10–20, So 10–18 Uhr, Nov.–März Di, Do 10–16, Mi 9–16, Fr 10–18, Sa 10–20, So 10–18 Uhr, 5/3,75€, Dauerausstellung Di Eintritt frei
Zoologischer Garten 9**:** ul. Wróblewskiego 1–5, www.zoo.wroclaw.pl, Sommer tgl. 9–18, Winter tgl. 9–16 Uhr, Kasse bis 1 Std. vor Schluss geöffnet, 10/7,50 € inklusive Afrykarium, http://afrykarium.com.pl

KULINARISCHES FÜR ZWISCHENDURCH

Direkt an der Jahrhunderthalle lockt mit Blick auf die Pergola und die Wasserspiele das **Pergola Restauracja & Bistro** 1 (ul. Wystawowa 1, Bistro T 071 347 50 21, tgl. ab 10 Uhr, Restaurant T 071 347 50 22, Fr–So ab

13 Uhr, Gerichte ab 7 €) mit einem hellen, modernen und stilvollen Ambiente. Hier feiern die Breslauer auch gerne Hochzeiten und andere Festlichkeiten. Neben Imbissmöglichkeiten im Zoo ist das Restaurant-Pub **Przystanek Zoo** 2 (ul. Wróblewskiego 1/5, T 06 07 75 88 48, www.przystanekzoo.pl, Mo–Sa 9–22, So 10–20 Uhr, Gerichte ab 4 €) am ehemaligen Zoo-Eingang in der Nähe der Passbrücke (Most Zwierzyniecki) ein geeigneter Ort, um gut und günstig zu essen – noch dazu mit einem Blick in den Zoo. Das moderne Restaurant ist mit Gemälden voller nostalgischer Motive der nächsten Umgebung des Hauses, des Zoos und der Oderbrücke im 19. Jh. gestaltet.

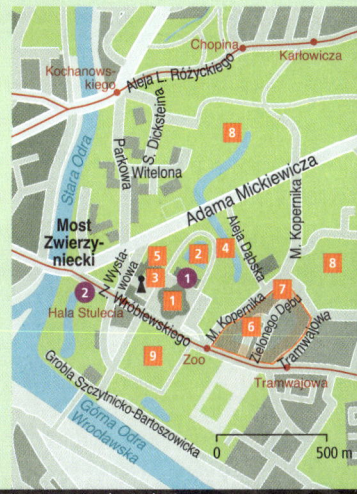

Wie sehen Seekühe aus? Was machen Krokodile unter Wasser? Wie schwimmen Nilpferde? Im Afrykarium spazieren Sie durch die Gänge riesiger Aquarien und erleben afrikanische Tier- und Wasserwelten hautnah.

M
MUSTER

Auch im Stadtzentrum finden Sie zahlreiche Bauwerke der Breslauer Moderne. Sie haben den Zweiten Weltkrieg dank ihrer Bauweise relativ unbeschadet überstanden und sind oft älter als andere alt aussehende Gebäude, die ganz oder teilweise rekonstruiert wurden. Eine neue Siedlung baut die Stadt Wrocław in der Nähe des neuen Stadions am westlichen Stadtrand. Nach dem Vorbild der Werkbundsiedlung (WuWA) entsteht der **Musterstadtteil Nowe Żerniki** als Langzeitprojekt zeitgenössischer Architektur des Kulturhauptstadtjahres 2016.

des Werkbundes präsentierten auch in Breslau Ende der 1920er-Jahre Architekten der Region experimentelle Entwürfe für modernes Wohnen. Bekanntestes Beispiel ist das **Ledigenheim** 7 von Hans Scharoun, das heutige Park-Hotel (Touristen können hier leider nicht wohnen) mit Schulungszentrum des Polnischen Arbeitsschutzes. Das Haus hat das Aussehen eines Schiffes mit Bullaugen, Reling und Sonnendeck, das am Rande des **Scheitniger Parks** 8 (Park Szczytnicki) vor Anker gegangen zu sein scheint. Dieser größte Breslauer Stadtpark mit altem Baumbestand, einem Teich, Spielplätzen und ausgedehnten Spazierwegen ist ein beliebtes Ausflugs- und Erholungsgebiet (▶ S. 84).

Richtung Kongo

Ein Publikumsmagnet ist auch der **Zoologische Garten** 9 (Ogród Zoologiczny), der auf das Jahr 1865 zurückgeht. Man betritt ihn durch den Haupteingang mit dem Neon-Löwen (▶ S. 120), von Richard Konwiarz (1936) als Teil des damaligen südlichen Ausstellungsgeländes gestaltet. Heute zieht auch das einzigartige Afrykarium Besucher von weit her an, die Wasserwelten des Roten Meeres, des Nils oder der Straße von Mosambik mit afrikanischen Seekühen, Haien, Rochen, Nilpferden oder Brillenpinguinen von allen Seiten zu bestaunen und durch die riesigen Aquarien zu laufen.

Das Venedig Polens –
Oderpartie

Breslau wird auch als Venedig Polens bezeichnet: Die Oder, ihre Kanäle und Nebenflüsse machen Breslau zum größten Wasserknotenpunkt des Landes und zu einer lebenswerten Stadt mit ausgezeichneten Freizeit-, Sport- und Ausflugsmöglichkeiten sowie großartigen Ausblicken.

Die Oder und vier ihrer Nebenflüsse fließen durch das Breslauer Stadtgebiet: Ohle/Oława, Lohe/Ślęza, Weide/Widawa und Schweidnitzer Weistritz/Bystrzyca. In den letzten Jahren hat sich die Stadt ihnen zugewandt. Viele Kilometer lange Uferböschungen und -promenaden wurden im ganzen Stadtgebiet neu befestigt und ansprechend gestaltet. Wie in anderen europäischen Großstädten ist auch hier das Wohnen am Fluss gefragt. Erste schwimmende Häuser liegen als

Breslau von der sportlichen Seite genommen: Viel Spaß beim Kanufahren auf der Oder!

feste Wohnsitze im Wasser. Touristen schätzen Hotels am Fluss, die zentral, trotzdem aber ruhig gelegen sind und einen fantastischen Oderblick bieten – so etwa die Hotels **Park Plaza** ❶ gegenüber der Altstadt am rechten Oderufer oder **Tumski** ❷ auf der Mühlinsel zwischen Sandinsel (Wyspa Piaskowa) und Vorderbleiche (Wyspa Słodowa).

Auch wenn Sie nicht an der Oder wohnen, sollten Sie unbedingt einen Abendspaziergang auf den Boulevards am Oderufer, über die Sand- und Dominsel und die Brücken machen. Die Illuminierung der historischen Gebäude garantiert eine romantische Kulisse, Biergärten laden zum gemütlichen Sitzen am Wasser ein.

Breslauer Brücken im Überblick

Die älteste ist die **Sandbrücke** ❶ (Most Piaskowy), die romantischste die **Dombrücke** ❷ (Most Tumski), zentral gelegen die **Universitätsbrücke** ❸ (Most Uniwersytecki) mit dem Powodzianka-Denkmal zur Flutkatastrophe 1997; eine historische Schönheit ist die Ende des 19. Jh. erbaute **Passbrücke** ❹ (Most Zwierzyniecki) nahe dem Zoo, ein Meisterwerk der Ingenieurskunst die **Kaiserbrücke** ❺ (Most Grunwaldzki), eine 1910 eröffnete Hängebrücke. Die jüngste ist die **Rędziński-Brücke** ❻ (Most Rędziński), eine eindrucksvolle Schrägseilbrücke mit einem 122 m hohen Pylon, 2011 am westlichen Stadtrand als Teil der Autobahnumgehung (A 8) gebaut.

Auf dem Wasser unterwegs

An Sommertagen legen von den Anlegern Ausflugsschiffe ab, etwa an der Sandinsel am Anleger **Kardynalska/Bulwar Włostowica** ❶ oder an der **Markthalle/Hala Targowa** ❷, zu Rundfahrten auf der Oder an. Auch zum **Zoologischen Garten** ❼ (▶ S. 72) mit eigener Haltestelle können Sie über die Oder gelangen – an heißen Tagen ist dies die angenehmste Weise, dorthin zu kommen. In der **Bootsbucht** ❽ (Zatoka gondoli) am Nationalmuseum vermietet das **Bootshaus Zatoka Gondoli** ❸ eine ›Wasserstraßenbahn‹ *(tramwaj wodny)* für bis zu zwölf Personen oder Kanus, Kajaks und Motorboote (kleinere auch ohne Lizenz). Ausflugsziel für ganz Sportliche könnte das Restaurant **Wratislavia** ❶ sein: Es

P
POLINKA

Mit ›Polinka‹, der **Seilbahn** der Technischen Universität (Politechnika Wrocławska), können alle fahren – nicht nur Studierende. Statt 20 Min. zu Fuß über die Brücke zu gehen, schweben Sie in 7 m Höhe über der Oder und legen die Fahrt zwischen dem TU-Campus und dem Geozentrum auf der anderen Flussseite in nur 2,5 Min. zurück. Polinka-Stationen liegen an der ul. Wybrzeże Wyspiańskiego 23–25 und Na Grobli 13–15. Eine Fahrt kostet 0,75/0,38 €.

liegt 7 km vom Zentrum entfernt am Oderkanal im Osten der Stadt und hat seine eigene Anlegestelle und eine Terrasse direkt am Wasser. Das helle moderne Restaurant mit Wodka-Firmenverkauf befindet sich im ehemaligen Gebäude der Reichsmonopolverwaltung aus den 1920/30er-Jahren. Der Küchenchef setzt auf gute Qualität, stilvolle Präsentation und kocht mit viel Fantasie – gelegentlich auch mit Wodka. Die Drinks werden mit den Wodka-Erzeugnissen von **Akwawit-Polmos S.A.** ❹ gemixt, die direkt nebenan produziert werden. Warum statten Sie der Destillerie nicht nach telefonischer Absprache einen Besuch ab, bevor es weitergeht?

Nachts ist auf der Vorderbleiche (Wyspa Słodowa) immer etwas los. Erfrischen Sie sich im Sommer mit kühlen Getränken auf den schwimmenden Bars!

Mit dem Fahrrad am Oderufer entlang

Eine schöne Tour mit dem Leihfahrrad auf dem Deich entlang der Oder hat auch etwas: Über die **Mauritiusbrücke** ❾ (Most Oławski) fahren Sie stadtauswärts am linken Oderufer durchs Grüne. Ausleihen können Sie die **Breslauer Stadtfahrräder** ❺ (Wrocławski Rower Miejski) mit etwa 700 Gefährten an zahlreichen Punkten im

Cityplan: F–M 3/4 | Straßenbahn 2, 10 Urząd Wojewódzki

INFOS/ÖFFNUNGSZEITEN

Detaillierte Informationen im Internet: www.statekpasazerski.pl (Anleger, Schiffe, Preise):

Anleger an der Sandinsel **Kardynalska** ❶, **Markthalle/Hala Targowa** ❷, am Zoo, Vorderbleiche (Wyspa Słodowa) mit den Schiffen Nereida, Gucio, Wiktoria, Driada und Goplana, ab 50 Min. (5/3,75 €), verschiedene Routen zwischen 10 und ca. 19 Uhr, Nachtfahrten im Sommer Fr–So 20 und 21 Uhr (ab Kardynalska).

Bootshaus Zatoka Gondoli ❸: ul. Purkyniego, T 07 91 12 28 58, www.gondole.eu, April–Okt. tgl. 10–20 Uhr. Wasserstraßenbahn oder Gondel. Die Wasserstraßenbahn fährt 20 Min. zum Zoo (5 €) oder 1 Std. eine Strecke nach eigener Wahl (6,25 €).

Akwawit-Polmos S.A ❹: ul. Monopolowa 4, Besichtigung der Produktion: T 071 347 41 30, Firmenverkauf Mo–Fr 9–21, Sa/So 11–21 Uhr. Wodka 0,5 l 4–7,50 €

Breslauer Stadtfahrräder ❺: Wrocławski Rower Miejski, Karte der Verleihstationen im Stadtgebiet im Internet auf www.nextbike.pl. Das Rad kostet für die 1. Std. 0,50 €, für jede weitere Std. 1 €

Hydropolis ❻: ul. Na Grobli 19–21, T 071 340 95 15, http://hydropolis.pl, Mo–Fr 9–18, Sa/So 10–20 Uhr, Einlass bis 1,5 Std. vor Schluss, 7/4,50 €.

Erreichbar zu Fuß oder mit Tram 3, 5 und Bus 114 bis pl. Zgody, von dort über die ul. Szybka und die Fußgängerbrücke über die Ohle.

Park Linowy Wyspa Opatowicka ❼: ul. Braci Gierymskich, www.opatowicka.pl, tgl. 10–17 Uhr, Mo–Fr 10/7,50 €, Kinderroute 5 €, Sa/So und Fei 12,50/10 €, Kinderroute 5 €, Anfahrt mit Straßenbahn 1, 2, 4, 10 bis Haltestelle Biskupin

KULINARISCHES FÜR ZWISCHENDURCH

Wratislavia ❶: ul. Monopolowa 4G, T 071 347 42 08, www.restauracjawratislavia.pl, tgl. 11–22 Uhr, Gerichte ab 5 €

WOHNEN AM WASSER

Hotel Park Plaza ❶: ul. Drobnera 11–13, Altstadt, T 071 320 84 00, www.parkplaza.pl, Haltestelle Dubois, DZ ab 77 €. Etwas nüchterner Bau mit Blick auf die Oderinseln (▶ S. 89); nebenan das Casino.

Hotel Tumski ❷: Wyspa Słodowa 10, Altstadt, T 071 322 60 88, www.hotel-tumski.com.pl, Haltestelle pl. Bema, DZ ab 75 €. Moderner Hotelbau direkt an der Oder auf der Hinterbleiche (▶ S. 89); mit dem schwimmendem Restaurant Barka Tumska und einem eigenen Ausflugs-und Kulturprogramm.

Stadtgebiet, vor allem in der Innenstadt, etwa am Ring an mehreren Stellen oder an der Markthalle (Hala Targowa).

Auf der Strecke liegt an der ul. Na Grobli (Am Weidendamm) der **Wasserturm** 10, der neben anderen Wassertürmen zur Wasserversorgung der wachsenden Stadt errichtet wurde. Auch wenn die Stadt ihrer günstigen Lage an der Oder vieles verdankt, wird der Fluss auch hin und wieder zur Gefahr – wie beim Jahrhunderthochwasser 1997. Daher hat die Stadt schon im 19. Jh. ein ausgeklügeltes System von Schleusen, Staustufen und Kanälen angelegt. Am anderen Oderufer erkennen Sie die Kuppel der Jahrhunderthalle zwischen den Bäumen.

Gegenüber vom Wasserturm ist in einem alten Speicher auf 4000 m² **Hydropolis** 6, die Wasserstadt, entstanden: Das interaktive Zentrum für ökologische Bildung vermittelt auf spannende und unterhaltsame Weise Wissenswertes rund ums Wasser (inklusive populärwissenschaftlichen Hydropedia-Artikeln für Wissbegierige an den Displays). Schließlich ist Wasser Leben: Unser Körper besteht zu 60 % und unser Planet zu 70 % daraus. Für Kinder gibt es Rätsel und Spiele, bequeme Liegen laden auch Erwachsene zum Relaxen ein. Expeditionen in die Tiefe der Ozeane, Meilensteine der Wasserbaukunst oder die Geschichte des (Oder-)Wassers in Breslau sind nur einige der Themenschwerpunkte in der Wasserstadt.

Kletterspaß mit Oderblick

Auf dem Ottwitzer Werder (Wyspa Opatowicka) oderaufwärts geht es in die Bäume. Die Namen der Routen im **Park Linowy Wyspa Opatowicka** 7 fragen augenzwinkernd, was in den Kletterern steckt: Eichhörnchen oder Panther? Fünf Routen verschiedener Schwierigkeitsgrade mit etwa 100 Stationen stehen im größten Seilgarten Polens zur Wahl. In 2–17 m Höhe klettern Sie gesichert an Stahlseilen über Brücken und Netze. Für die Jüngsten gibt es die Kinderwege ›Äffchen‹ und ›Mäuschen‹. Ein sportliches Team in roten T-Shirts zeigt, wie es geht. Nur den Mückenschutz müssen Sie selbst mitbringen. Der Parkplatz und die Kasse zum Park befinden sich am Oderwehr auf der rechten Oderseite im Stadtteil Bartoszowice im Osten der Stadt.

B
**BRÜCKEN-
BAU**

Breslau ist auch im wörtlichen Sinn eine Stadt der Brückenbauer: Es liegt auf zwölf Inseln, die durch 112 Brücken miteinander verbunden sind. Damit liegt es kurz hinter bekannten europäischen Brücken-Städten wie Venedig, Amsterdam und Sankt Petersburg.

Erweitern Sie Ihren Breslau-Radius und entdecken die Stadt mit dem Fahrrad.

EINTRITTSKARTEN *in eine andere Welt…*
Neben dem Nationalmuseum und dem Historischen Museum haben auch viele andere Museen spannende Geschichten zu erzählen.

UND JETZT ENTSCHEIDEN SIE!

Dolnośląskie Centrum Fotografii Domek Romański
Mo–Sa 10–18 Uhr
1/ 0,50 €

○ JA ○ NEIN

Im Niederschlesischen Zentrum für Fotografie im Romanischen Haus, dem ältesten Haus der Stadt, gibt es Ausstellungen weltbekannter Fotokünstler wie auch von Amateuren.
Karte 2, aC 2, www.okis.pl/site/dcf_domek_romanski

Muzeum Etnograficzne
Di, Mi, Fr–So 10–16, Do 9–16 Uhr
2,50/2 €

○ JA ○ NEIN

Wer sind die Niederschlesier? Welche Schicksale haben Autochthone oder Zwangsumsiedler? Was sind ihre Traditionen und Lebensweisen? Hier erhalten Sie Antworten.
Karte 2, aE 4/5, www.muzeumetnograficzne.pl

Mauzoleum Piastów Śląskich
Mo–Fr 10–18, Sa 10–15 Uhr
Eintritt frei (Spende erwünscht)

○ JA ○ NEIN

Nur Mut! Durch den unscheinbaren Eingang zu Kloster und Schulen der Ursulinen gelangen Sie tatsächlich zum Mausoleum der schlesischen Piasten. Der letzte Breslauer Herzog war Heinrich VI. der Gute.
Karte 2, aC 2

Muzeum Archeologiczne
Mi–Sa 10–17, So 10–18 Uhr
2,50/1,75 €

○ JA ○ NEIN

Reisen Sie in Schlesiens Vor- und Frühgeschichte: Ausgrabungsfunde von der Steinzeit bis ins Mittelalter finden Sie im Archäologischen Museum. Sehr stimmungsvoll sind die Sommerkonzerte im Innenhof.
Karte 2, aB 2, www.mmw.pl

Muzeum Archidiecezjalne
Di–Sa 9–15 Uhr
1,25/1 €

○ JA ○ NEIN

Das Erzdiözesanmuseum präsentiert großartige Schnitzaltäre, Madonnen, Gemälde, liturgisches Gerät und zeitgenössische Sakralkunst. Skurril: die antiquierte Präsentation.
🗺 Karte 2, aD 1, www.muzeum.archi diecezja.wroc.pl

Muzeum Pana Tadeusza
Di–So 10–18 Uhr
5/2,50 €

○ JA ○ NEIN

Erleben Sie multimedial, was das Nationalepos »Pan Tadeusz« des großen Dichters Adam Mickiewicz für die Polen und ihr Selbstverständnis bedeutet. Das Original ist in Breslau.
🗺 Karte 3, aB 2, www.pantadeusz.osso lineum.pl

Muzeum Poczty i Telekomunikacji
Di, Do–Fr 10–16, Mi 10–17, Sa–So 9.30–16 Uhr
2/1,50 €

○ JA ○ NEIN

1929 expressionistisches Postscheck-amt und erstes Hochhaus Breslaus (43 m), heute Postmuseum: Im 3. Stock begeben Sie sich per virtueller Postkutsche auf eine Reise durch die polnische Postgeschichte.
🗺 Karte 2, aD 3, www.muzeum.wroclaw.pl

Muzeum Współczesne
Mo 10–18, Mi–So 12–20 Uhr
2,50/1,25 €

○ JA ○ NEIN

Vom Hochbunker zum Kunst-Hotspot: Im Zeitgenössischen Museum finden Sie neben Kunstwerken aktuelle Arbeiten von Breslauer Initiativen und gesellschaftlichen Gruppen. Nettes Café im 6. Stock.
🗺 E 3, http://muzeumwspolczesne.pl

Muzeum Teatru im. Henryka Tomaszewskiego
Di–Do 10.30–18, Fr–So 11–19 Uhr, Dauerausstellung Eintritt frei

○ JA ○ NEIN

Ende 2016 eröffnete das neue Theatermuseum im ehemaligen Seitenflügel des Königsschlosses am pl. Wolności. Hier dreht sich alles um den großen Breslauer Pantomimen Henryk Tomaszewski.
🗺 Karte 2, aB 3, www.mmw.pl

Noch mehr Museen

Die Museen der Stadt sind zumeist dem **Städtischen Museum Breslau**
(www.mmw.pl) angeschlossen – wie das Historische und das Medaillen-
Museum im Schloss, das Museum der Kunst des Bürgertums im Rathaus,
das Archäologische und das Museum für Militaria im Arsenal sowie das
Museum für Friedhofskunst (Alter Jüdischer Friedhof) an der ul. Ślężna –
oder zum **Nationalmuseum Breslau** (www.mnwr.art.pl) – wie das Hauptgebäude, das Panorama von Racławice, das Ethnografische Museum (für die
drei gilt eine gemeinsame Eintrittskarte) und die Außenstelle für Zeitgenössische Kunst im Vier-Kuppel-Pavillon neben der Jahrhunderthalle.
Zahlreiche **andere Museen** erzählen die Geschichte ihrer Häuser und
Bewohner: etwa das Universitäts- und das Radiomuseum (www.radio
wroclaw.pl/articles/view/20544/Muzeum-Radia-Wroclaw), das Museum der
Akademie der Schönen Künste (www.asp.wroc.pl/muzeum), die Synagoge
zum Weißen Storch (▶ S. 46) oder das Kupferstecher-Haus (▶ S. 38).

SCHLÜSSELWORT ›INTERAKTIV‹

Die Breslauer Museumslandschaft ist in den letzten Jahren ordentlich in Bewegung geraten. Komplett neue Häuser, die häufig nicht mehr Museum heißen,
haben einen Modernisierungsschub bewirkt, der bereits einige der traditionellen Museen umgekrempelt hat – ganz zum Vorteil ihrer Besucher. Die Neuen
beschäftigen sich etwa mit Breslau als Wasserstadt (**Hydropolis**, ▶ S. 77),
der Architektur und Geschichte der Jahrhunderthalle (**Centrum Poznawcze,**
▶ S. 69), der polnischen Stadt nach 1945 (**Centrum Historii Zajezdnia,**
▶ S. 81) oder dem Nationalepos »Pan Tadeusz« (**Muzeum Pana Tadeusza,**
▶ S. 79). Im Sinne eines Science-Centers wurde auch das **Humanitarium**
am Campus des Forschungszentrums EIT+ im Nordwesten der Stadt aufgebaut
(http://humanitarium.eitplus.pl).

Tauchen Sie ab in die geheimnisvollen (Unter-)Wasserwelten von Hydropolis!

Multikulturelle Geschichte

Das polnische Breslau/Wrocław hat eine Geschichte zu erzählen! Zu Recht war dies eine der Botschaften im Kulturhauptstadtjahr 2016, denn es ist eine sehr europäische Geschichte vom Neuanfang nach dem Zweiten Weltkrieg, von Flucht und Vertreibung, von Dialog, Offenheit und europäischer Annäherung. Prägende Ereignisse sind die Zerstörung der Stadt und der komplette Bevölkerungsaustausch 1945, erste Schritte der Versöhnung mit Deutschland 1965, die Freiheitsbewegung der Solidarność nach 1980, die Wende 1989 und der Eintritt in die Europäische Union 2004. Vor allem bei jungen Leuten ist ein großes Interesse an der multikulturellen Stadtgeschichte vor 1945 festzustellen. Dies zeigt sich in Initiativen und Museen zu stadthistorischen Themen, neue Denkmäler erinnern an wichtige Ereignisse der Breslauer Zeitgeschichte.

Gründungsmythos

Centrum Historii Zajezdnia 🕮 E 4

Wie wurde Wrocław zu dem, was es heute ist? Am Geburtsort der Breslauer Gewerkschaft ›Solidarität‹ im ehemaligen Busdepot wird die Geschichte der polnischen Stadt seit 1945 erzählt. Hier begann 1980 der erste legendäre Streik – ein Gründungsmythos für das freie Breslau. Das Geschichtszentrum am Depot sammelt Stimmen von Zeitzeugen zur Nachkriegs-, Stalin- und Solidarność-Zeit und bringt die Einwohner ins Gespräch über die jüngste Vergangenheit.

ul. Grabiszyńska 184, T 071 715 96 00, www. zajezdnia.org, Tram Bzowa (Centrum Zajezdnia), Di–So 10–18 Uhr, 2,50 €

500-jährige Tradition

Stadtwappen 🕮 Karte 3, aB 2

Seit 1990 ist das von Kaiser Karl V. der Stadt 1530 verliehene fünfteilige Wappen wieder in Gebrauch, das in der Mitte das Haupt Johannes' des Täufers – Patron der Stadt und des Doms – in einer aufgerichteten Schüssel zeigt. Oben sehen Sie den böhmischen Löwen und den schlesischen Adler, unten ein

›W‹ für Wratislawia oder Wratislaw, den legendären Stadtgründer, und das Haupt des Evangelisten Johannes mit Nimbus. Auf das Wappen treffen Sie an vielen Stellen in der Stadt: im Pflaster auf dem Ring, am Rathaus oder Puppentheater und an anderen Häusern oder selbst auf Gully-Deckeln. Das war nicht immer so: Sowohl unter den deutschen Nationalsozialisten als auch unter den polnischen Kommunisten war es verboten und durch ein jeweils anderes Wappen ausgetauscht worden.

z. B. vor dem Rathaus, Tram Rynek

Heimliches Wahrzeichen

Powodzianka 🕮 Karte 2, aC 1

Mitten auf der Oderbrücke am Bürgerwerder steht die Skulptur einer energischen Breslauerin, die Bücher vor der Oderflut in Sicherheit bringt. Die »Powodzianka« ist ein Kompliment des Bildhauers Stanisław Wysocki an die Bürger der Stadt und steht stellvertetend steht für alle Helfer, die im Juli 1997 unermüdlich gegen die Jahrhundertüberschwemmung (poln. *powódź*) ankämpften, um das Kulturerbe der

Stadt – ob böhmisch, habsburgisch, jüdisch, deutsch oder polnisch – für die Zukunft zu retten.

Most Uniwersytecki, Tram Uniwersytet

Botschafter der Versöhnung
Der Barockdichter Angelus Silesius, die heiliggesprochene jüdische Philosophin Edith Stein und der Kardinal Bolesław Kominek sind Breslauer Symbolfiguren für die deutsch-polnische Verständigung. Internationale Studentenaustausch, europäische Jugendbegegnungen und Literaturpreise halten den Geist dieser Leitfiguren in Breslau lebendig.

Dom Edyty Stein ⌖ H 2
In deutscher, polnischer und hebräischer Sprache steht der Name ›Edith-Stein-Haus‹ auf einer Tafel am ehemaligen Wohnhaus der jüdischen Familie Stein. Die jüngste Tochter, Edith, war Studentin der Breslauer Universität, Philosophin, Karmelitin. Sie wurde 1942 in Auschwitz umgebracht. 1998 wurde sie heiliggesprochen und ist Schutzpatronin Europas. Das Haus trägt durch eine vielfältige Programmarbeit zur internationalen und interreligiösen Verständigung bei. Werkstätten, Sprachkurse oder Ausstellungen führen junge Leute aus Polen und Deutschland, Israel und der Ukraine in Breslau zusammen.

ul. Nowowiejska 38, T 071 372 09 77, www.edytastein.org.pl, Tram Nowowiejska, Besichtigungen n. V.

Pomnik Kardynała Kominka
⌖ Karte 2, aD 1
Eine Skulptur von Kardinal Kominek auf der Sandinsel hält eine Taube in der Hand: Sie steht symbolisch für die Versöhnungsbotschaft, die von Breslau ausging. 1965 sandten die polnischen Bischöfe einen Hirtenbrief nach Deutschland, in dem sie ihre Amtskollegen zu den Feierlichkeiten zum 1000. Jahrestag der Christianisierung Polens einluden. Darin formulierte der damalige Bischof Kominek den denkwürdigen Satz: »Wir vergeben und bitten um Vergebung« – eine erstaunliche Botschaft im Jahr 1965! Der Text steht

heute auf Deutsch und Polnisch unter dem Denkmal. Die Geste trug viel zur deutsch-polnischen Annäherung bei – Breslau knüpft auf vielfältige Weise daran an.

Sandinsel, Tram pl. Bema oder Hala Targowa

Eine Mauer verbindet
Pomnik Wspólnej Pamięci ⌖ D 5
Das ökumenische Denkmal des gemeinsamen Gedenkens von 2008 ist von hohem Symbolwert. Etwa 70 Grabsteine sowie Erde diverser Friedhöfe sind in die granitene ›Friedhofsmauer ohne Friedhof‹ eingelassen: Diese Mauer trennt nicht, sie verbindet. Auf dem Gelände eines ehemaligen deutschen Friedhofs erinnert sie an die Einwohner Breslaus, die auf nicht mehr bestehenden Friedhöfen begraben waren. Weiter südlich im Park liegen italienische und polnische Soldatengräber.

ul. Grabisyńska, Tram Grabiszyńska

Verbranntes Symbol
Synagogen-Denkmal
⌖ Karte 2, aB 4
Das Denkmal erinnert in deutscher, polnischer und hebräischer Sprache an die Neue Synagoge am Anger. Diese einst zweitgrößte Synagoge in Deutschland wurde 1872 eingeweiht und 1938 in der Reichspogromnacht niedergebrannt und komplett zerstört. Mit der Zerstörung der Synagoge begann das Morden an jüdischen Kindern, Frauen und Männern. Hierher führt an jedem 9. November ein Marsch von der Synagoge zum Weißen Storch in der ul. Włodkowica, um der ermordeten Breslauer Juden zu gedenken.

ul. Łąkowa, neben dem Polizeipräsidium, Tram Renoma

Gemeinsam
Viertel der gegenseitigen Achtung
⌖ Karte 2, aA/aB 2/3
Die multikulturelle Geschichte Breslaus zeigt sich in den vier Gotteshäusern im Viertel der gegenseitigen Achtung (auch Viertel der vier Bekenntnisse oder Toleranzviertel genannt; ▶ S. 44), aber auch in anderen Sakralbauten, die

Zeugen der vielfältigen Veränderungen und Ereignisse sind.
Tram Rynek

Drei Nationen
Kościół św. Doroty, Wacława i Stanisława 🗺 Karte 2, aB 3
Die Dorotheenkirche wurde als Zeichen der Versöhnung zwischen Deutschen, Polen und Böhmen 1351 von Kaiser Karl IV. in Breslau für das Kloster der Augustinereremiten gestiftet und ist den hll. Dorothea, Wenzel und Stanislaus geweiht. Die gotische Hallenkirche übernahm nach dem Zweiten Weltkrieg die Funktion der Hauptkirche, bis 1951 der Dom rekonstruiert war.
ul. Świdnicka 2, Tram Świdnicka

Versöhnung
Kościół św. Krzyża 🗺 Karte 2, aD 1
Die gotische Heiligkreuz-Stiftskirche ist neben dem Dom der bedeutendste sakrale Bau der Dominsel, ihr schlanker Turm charakteristisch für ihr Panorama. Die Doppelkirche wurde von Herzog Heinrich IV. dem Gerechten von Breslau-Schlesien 1288 gestiftet – zur Versöhnung mit Bischof Thomas nach einem Streit um die eigene Bedeutung in Schlesien. Nach einer anderen Version sollte die Stiftskirche Nekropole der Breslauer Piasten werden, geweiht ihrem Schutzpatron, dem hl. Bartholomäus. Als man bei den Bauarbeiten eine kreuzförmige Wurzel fand, wurde dies als Zeichen verstanden, sie dem hl. Kreuz zu weihen. Der Herzog beschloss daher, die Kreuzkirche auf die schon begonnene Bartholomäuskirche aufzusetzen. In der Oberkirche befand sich bis 1945 sein Hochgrab (heute im Nationalmuseum). Erhalten sind noch die hohen gotischen Gewölbe, ein Tympanon im Portal des Nordschiffs mit einem Relief Herzog Heinrichs und seiner Frau Mathilde sowie Grabplatten aus dem 16./17. Jh.
pl. Kościelny, Dominsel, Tram Świdnicka

Innenstadtkirche
Kościół św. Marii Magdaleny 🗺 Karte 3, aC 2
Die spätgotische Maria-Magdalena-Kirche und heutige Kathedrale der polnisch-katholischen Kirche ist eine der beiden ältesten Pfarrkirchen Breslaus aus dem 13. Jh. Sie war die Kirche der Bürger und Zünfte mit vielen Kapellen, Altären und Epitaphien. Hier hielt 1523 der Reformator und Lutherschüler Johannes Hess die erste evangelische Predigt in Schlesien. Im Stadtbild fällt die Kirche heute wieder durch die charakteristische Büßerinnenbrücke auf, die schon Bühne für Orchester oder Feuerwerke war. Nachts sollen die Seelen der verstorbenen Büßerinnen auf ihr herumgeistern. Die Brücke verbindet in 47 m Höhe die beiden Kirchtürme und ist eine ideale Aussichtsterrasse. Auf der Südseite der Kirche übersteht das älteste spätromanische Portal der Stadt die Zeiten. Es wurde 1546 vom abgerissenen Vinzenzkloster auf dem Elbing (Olbin im Norden der Dominsel) hierher übertragen.
ul. Oławska 19, Brücke im Sommer 10–20, im Winter bis 18 Uhr, 1,25/1 €, Tram Oławska

Aus piastischen Zeiten
Kościół św. Marcina 🗺 Karte 2, aD 1
Die kleine Martinikirche aus dem 13. Jh. war in ihrem Ursprung die Burgkapelle der Breslauer Piastenherzöge. Hier trafen sich die polnischen Katholiken in der Vorkriegszeit zu Gottesdiensten.
ul. św. Marcina 7, Dominsel, Tram pl. Bema

Gotik auf der Insel
Kościół Najśw. Marii Panny na Piasku 🗺 Karte 2, aD 1
Die Kirche Maria auf dem Sande geht auf die Jahre 1334–1425 zurück und ist einer der größten gotischen Sakralbauten Breslaus. Sterngewölbe schmücken jetzt die Decke des rekonstruierten Mittelschiffs. Ihre gotische Gestalt erhielt die Sandkirche aber erst nach dem Zweiten Weltkrieg wieder. Bis 1945 besaß sie eine Barockausstattung mit einer wertvollen Orgel und Altären sowie Gemälden des schlesischen Barockmalers Michael Willmann. Alles brannte komplett nieder. Die Innenausstattung stammt aus zerstörten schlesischen Kirchen und dem Erzdiözesanmuseum. Einer der wenigen original erhaltenen Gegenstände ist das gotische Taufbecken.
Sandinsel, Tram pl. Bema oder Hala Targowa

Pause. Einfach mal abschalten

Städtereisen müssen nicht anstrengend sein – mit einer Pause an der richtigen Stelle geht alles besser! Breslau hat viele Parks und Grünanlagen und bietet verschiedenste Möglichkeiten zum Relaxen im Grünen, am Wasser oder auf einer Sonnenliege mitten in der Stadt.

Garten weiß-rot
Ogród Japoński (Japanischer Garten)   K 3
Schönheit, Kontemplation und Einssein mit der Natur – für nicht mehr und nicht weniger steht der Japanische Garten Hakköen. Der Name bedeutet ›weiß-rot‹ und spielt auf die Nationalfarben der beiden Länder an, die Japan und Polen verbinden wie dieser Garten. Den schwierigen Weg zur Vollkommenheit symbolisiert die eine der beiden Holzbrücken über den Teich. In der Mitte der anderen Brücke sehen Sie einen sechseckigen Holzpavillon mit wunderbarer Aussicht auf die Landschaftskomposition, ein originales Teehaus mit Brunnen, steinerne Laternen aus dem 19. Jh. und Holztore an den Eingängen. Ursprünglich wurde der Garten für die Jahrhundertausstellung 1913 von dem Japanologen Fritz Graf von Hochberg zusammen mit einem japanischen Gärtner angelegt und war eine ihrer größten Attraktionen. Mit Hilfe von japanischen Architekten und Gärtnern aus Nagoya wurde die Anlage 1996 saniert. Sie müssen nicht unbedingt auf die Kirschblüte warten: Stille Stunden auch an Werktagen sind für einen Besuch bestens geeignet.
ul. Mickiewicza, www.wroclaw.pl/ogrod, Tram Hala Stulecia, April–Okt. 9–19 Uhr, 1/0,50 €

Landschaftspark
Park Szczytnicki   J–K 3
Der Scheitniger Park lädt Sie ein, mitten im Grünen zu entspannen. Er ist einer der ältesten und größten Parks der Stadt mit über 400 verschiedenen Bäumen und Sträuchern. Südlich der ul. Mickiewicza, die den Park durchschneidet, liegen die Jahrhunderthalle mit der Pergola und der Japanische Garten, im nördlichen Teil ein Wald mit Teich. Auf dem Gebiet des Dorfes Alt-Scheitnig (Szczytniki) wurde bereits Ende des 18. Jh. ein englischer Landschaftspark angelegt. 1913 nutzte man den Scheitniger Park für die Jahrhundertausstellung. Das Gelände war groß, es ist noch viel Park übrig geblieben …
ul. Mickiewicza, Tram Hala Stulecia

Inselparadies
Wyspa Słodowa   Karte 2, aC 1
Die grüne Insel mitten in der Oder ist am Tag ein wunderbarer Rückzugsort. Auch viele Studierende sitzen im Sommer hier auf der Vorderbleiche im Gras, kühlen die Füße im Oderwasser oder schauen dem vorbeiströmenden Fluss einfach zu. Sie gehen lieber an Deck? Dann genießen Sie doch auf den schwimmenden Terrassen ein kühles Getränk oder einen Kaffee (tgl. ab 10 Uhr bis zum letzten Gast). Auch Liegestühle und Spiele wie Frisbee oder Federball sind vorhanden. Fragt sich nur noch, wo Sie sich einen Platz auf der Insel suchen möchten – im Schatten oder in der Sonne? Abends ist es mit der Ruhe häufig vorbei – dafür gibt es Open-Air-Konzerte mit viel Atmosphäre.
Tram pl. Bema oder Hala Targowa

Ein ruhiges Plätzchen
Nowy Targ (Neumarkt)   Karte 2, aC 2
Sie sind im Stadtzentrum und haben Lust, ein Sonnenbad zu nehmen, einfach mal die Füße hochzulegen oder in den

Sie müssen nicht weit reisen, um Japan zu erleben: Der Japanische Garten hinter der Jahrhunderthalle macht's möglich.

Himmel über Breslau zu schauen? Am Neumarkt, einem der mittelalterlichen Altstadtplätze, warten zahlreiche fest installierte Sonnenliegen auf Sie, die sich dafür perfekt eignen. Hier ist es deutlich ruhiger als auf den anderen Plätzen im Zentrum, denn rundum stehen normale Wohnhäuser. Die alten Patrizierhäuser wurden 1945 völlig zerstört und – anders als an Ring und Salzring – nicht wieder rekonstruiert. Unter dem Neumarkt, wo sich heute eine Tiefgarage befindet, lag im Zweiten Weltkrieg ein Bunker – einer der Schauplätze der Breslau-Krimis von Marek Krajewski (▶ S. 120). Auf dem Neumarkt gibt es unter der Woche einen kleinen Öko-Wochenmarkt mit regionalen Produkten. Noch mehr frische Lebensmittel finden Sie um die Ecke in der Markthalle (Hala Targowa) an der Oder.
Tram Hala Targowa

Oder-Panorama
Bulwar Dunikowskiego
🗺 Karte 2, aC/aD 2
Am Dunikowski-Boulevard zwischen Sandbrücke (Most Piaskowy) und Friedensbrücke (Most Pokoju) gibt es neue Spazierwege entlang der Oder und durch den Park bei der Ziegelbastion (Wzgórze Polskie). Mehrere Aussichtspunkte und zum Verweilen einladende Treppen (barrierefrei!) direkt am Wasser oder oberhalb der alten Befestigungsanlagen und Kasematten bieten einen großartigen Blick auf die Oder mit ihren Brücken und das Dominsel-Panorama mit seinen zahlreichen Kirchtürmen und Palais.
Tram Hala Targowa

Wasserspiele
Brunnen am Ring 🗺 Karte 3, aB 2
Gleichmäßig plätschernd läuft das Wasser die mehrere Meter langen, geschwungenen Glaswände des Brunnens am Ring hinunter. Hier geraten Sie ins Träumen, beneiden die Kinder, die vor Vergnügen am liebsten reinspringen würden, oder machen gleich auch ein Foto – und nehmen den Zwerg Herzensgut mit der Sonnenblume vielleicht noch mit auf's Bild. Er wartet allzeit bereit am schmalen südlichen Ende.
Tram Rynek

Eigentlich brauchen Sie in dieser Stadt kein Bett – es ist immer etwas los. Aber keine Angst, in Breslau finden Sie Ihr Wunschhotel. Es gibt eine große Auswahl an Übernachtungsmöglichkeiten, und ständig kommen neue hinzu, von günstigen Hostels über erschwingliche Mittelklassehotels bis zu Fünf-Sterne- und Konferenz-Hotels. Ob Neubauten oder historische Gebäude wie Mühlen oder Speicher – alle sind modern und komfortabel gestaltet. Zur zentralen Lage kommt oft ein besonders schöner Blick auf die Altstadt oder die Oder hinzu. Bei der Suche nach **Hotelzimmern** hilft gerne die Tourismuszentrale am Ring (▸ S. 22). Wer kann, sollte aber möglichst früh vor der Reise buchen, um die optimale Unterkunft zu bekommen. Hilfreich: Die Internetseiten www.hotelsinpoland. com oder www.staypoland.com.

Für mehrtägige Aufenthalte in Breslau bieten sich alternativ **Apartments** an. Bei der Vermittlung hilft die Firma A. S. Apartments in Breslau (Rynek 18/4, T 071 341 87 59, www.asapart.pl), Breslauer Adressen finden Sie auch unter www.noce.pl.

Anlaufstation für **Camper** ist das Gelände der Sporthochschule beim Olympiastadion (200 Stellplätze) mit dem Camping Stadion Olimpijski Nr. 117 – AWF Kemping Nr. 117 (al. Paderewskiego 35, Sępolno, T 071 348 46 51, Mai–Okt., 4,50 €/Pers.).

NICHT IMMER ALL INCLUSIVE

Im Zimmerpreis inbegriffen ist in der Regel die kostenlose Nutzung von Internet, Fitnessraum und Schwimmbad, nicht unbedingt das Frühstück oder Parkgebühren. Die meisten Hotels verfügen aber über eigene Stellplätze.
Wichtig: Achten Sie auf die angegebene Währung. Die meisten Hotels bieten Preise in Złoty, andere aber in Euro an. Die Hotelpreise sind ständig in Bewegung. Fragen Sie deshalb unbedingt nach besonderen Angeboten, vor allem für Wochenenden oder bei längeren Aufenthalten. Kinder übernachten oft kostenlos im Zimmer der Eltern oder zum halben Preis.

Breslau ist eine Stadt zum Wohlfühlen mit guten und modernen Hotels.

Stylish
Art Hotel 🏠 Karte 3, aB 2
Das stilvolle, künstlerisch gestaltete Ambiente in zwei verbundenen, restaurierten Bürgerhäusern mit 80 Zimmern ist beliebt, die Liste der berühmten Gäste lang, die Lage nur 150 m vom Ring in einer kleinen Seitenstraße hinter der Elisabethkirche unübertroffen. Zum Frühstück gibt es regionale Ökoprodukte. Restaurant mit polnisch-italienischer Küche. Achtung: Vor dem Hoteleingang ist mit Arcik dem Reiselustigen einer der Breslauer Zwerge unterwegs und schleppt seinen Zwergenkoffer.
ul. Kiełbaśnicza 20, T 071 787 74 00, www.art hotel.pl, Tram Rynek, DZ ab 79 €

Praktisch & gut
B & B Hotel Wrocław 🏠 Karte 2, aC 3
Eines der neueren Breslauer Hotels verbindet einige sehr praktische Eigenschaften: ringnahe Lage, günstige Preisklasse, Parkmöglichkeiten, zahlreiche Bus- und Bahnlinien vor der Tür – nicht zu vergessen die Einkaufsmöglichkeiten in der Galeria Dominikańska gleich gegenüber.
ul. Piotra Skargi 24–28, T 071 324 09 80, www. hotelbb.pl, Tram Galeria Dominikańska, DZ ab 35 €

Traditionell
Dwór Polski 🏠 Karte 3, aB 2
Das Dwór Polski (dt. Polnischer Hof) liegt direkt am Ring auf der noblen Kurfürstenseite. Der Legende nach hatte der polnische König Sigismund III. Wasa hier ein geheimes Treffen mit seiner späteren Frau Anna von Habsburg. Tradition und viel Glanz erfüllen das Haus aus dem 16. Jh. – und die Zimmer mit entsprechendem Mobiliar. Mehrere Restaurants gehören zu dem Komplex zwischen Ring und Kiełbaśnicza-Straße.
ul. Kiełbaśnicza 2, T 071 372 34 15, www.dwor polski.wroclaw.pl, Tram Rynek, DZ ab 75 €

Optimal
Europeum 🏠 Karte 3, aB 3
Altstadthäuser, vorbeifahrende Straßenbahnen und europäische Flaggen spiegeln sich in einer schallgeschützten Glasfassade. Dahinter versteckt sich

Großartige Insellage mitten in der Oder: Hotel Tumski

ein kleines, komfortables Hotel mit 20 Zimmern und eigenem Restaurant Brasserie 27 (▶ S. 53). Direkt neben der ehemaligen Hofkirche ist das moderne Hotel ein perfekter Ausgangspunkt für Ausflüge in die Stadt.
ul. Kazimierza Wielkiego, T 071 371 44 00, www.europeum.pl, Tram Rynek, DZ ab 75 €

Chic & historischer Charme
The Granary 🏠 Karte 2, aC 3
Luxuriös umgebaut wurde der Speicher der Mälzerei aus dem 16. Jh. – ihre roten Ziegel und Gewölbe, verbunden mit viel Glas, effektvoller Beleuchtung und moderner Ausstattung ergeben ein außergewöhnliches Hotelambiente. Frühstück auf Wunsch auch im Zimmer.
ul. Mennicza 24, T 071 395 26 00, www.the granaryhotel.com, Tram Świdnicka, DZ ab 92 €

Oase der Ruhe
Jana Pawła II 🏠 Karte 2, aD 1
Mitten in Breslaus ›kleinem Vatikan‹ auf der Dominsel finden Sie diese friedliche Oase: ein Hotel, das zu Ehren

Moderner Komfort in historischen Räumen: das Monopol

Papst Johannes Pauls II. und seiner Breslaubesuche erbaut wurde und seinen Namen trägt. Dezent gestickt findet sich das päpstliche Wappen sogar in den Stoffservietten des beliebten Restaurants Katedralna (▶ S. 31). Außergewöhnlich, aber naheliegend ist die hauseigene Kapelle mit einem Madonnenbild aus dem 17. Jh.

ul. św. Idziego 2, T 071 327 14 00, www.hotel-jp2.pl, Tram pl. Bema, DZ ab 93 €

Superlage
Kamienica pod Aniołami (Haus zu den Engeln) 🏠 Karte 3, aB 3
Ganz neu und sehr günstig ist dieses Haus der evangelischen Kirche. Gäste erwartet ein abwechslungsreiches Frühstücksbuffet in freundlicher Atmosphäre. Unübertroffen die Lage im Viertel der gegenseitigen Achtung, fünf Minuten vom Ring entfernt. Auch für Gruppen sehr geeignet!

ul. Kazimierza Wielkiego 31–33, T 071 394 74 42, http://kamienicapodaniolami.pl/de, Tram Rynek oder NFM, ab 60 €

Im Vintage-Stil
Mleczarnia 🏠 Karte 2, aA 3

Ein Geheimtipp (noch) im Viertel der gegenseitigen Achtung neben der Synagoge: Altmodisch, aber mit Stil eingerichtete Gästezimmer (2–4 Pers.) und Schlafsäle (6–12 Pers.): Plüschsessel, Häkeldecken, Grammofon oder Frisiertisch, historische Fotos und viel Platz. Glücklicherweise nicht aus Omas Zeiten sind die Badezimmer. Sie können hier auch Fahrräder leihen.

ul. Włodkowica 5, T 071 787 75 70, www.mleczarniahostel.pl, Tram Świdnicka, DZ ab 55 €, Hostel ab 10 €

Höchste Eleganz
Hotel Monopol 🏠 Karte 2, aB 3
In der 1892 erbauten neobarocken Edelherberge neben der Oper wohnten schon Pablo Picasso, Marlene Dietrich und Helmut Kohl. Das vornehmste Hotel Breslaus besaß schon vor 100 Jahren einen amerikanischen *grillroom,* eine Wein- und Teestube und die erste Garage der Stadt. 1964 machte der aus Breslau stammende Schriftsteller Walter Meckauer das Hotel zum Schauplatz seiner Erzählung »Der Fahrstuhl im Hotel Monopol«. Mit den Restaurants Monopol (▶ S. 96) und Acquario, Sky Bar, Café, Spa mit Salzgrot-

te, Sauna und der Passage Likus Concept Store (▶ S. 55).

ul. Heleny Modrzejewskiej 2, T 071 772 37 77, http://monopolwroclaw.hotel.com.pl/de/Home.pl, Tram Świdnicka oder Opera, DZ ab 125 €

Aussichtsreich
Park Plaza 🏨 Karte 2, aC 1
Wenn Ihr Zimmer auf der richtigen Seite liegt, haben Sie hier den Überblick – von der Sommerterrasse direkt an der Oder schauen Sie auf die Oderinseln und die abends illuminierten historischen Gebäude. Über die Brücken gelangen Sie in kürzester Zeit in die Altstadt. Im hauseigenen Restaurant Panorama zaubert ein junges, preisgekröntes Team polnische und europäische Köstlichkeiten. Nebenan geht es zum Kasino: Faites vos jeux!

ul. Drobnera 11–13, T 071 320 84 00, www.parkplaza.pl, Tram Dubois, DZ ab 54 €

Cool
Puro 🏨 Karte 2, aA 3
Im historischen Zentrum ein Haus an der Spitze des Fortschritts: Hinter einer gläsernen Fassade wohnen Sie in einem komfortablen Hightech-Ambiente mit automatisiertem Check-in und Touch-Screen-Steuerung im Zimmer, schallisoliert und klimatisiert. Für den Fall, dass Sie trotz Technik einmal Unterstützung brauchen, gibt es einen Concierge-Service.

ul. Włodkowica 6, T 071 772 51 00, www.wroclaw.purohotel.pl, Tram Rynek, DZ ab 55 €

Mittendrin
Tumski 🏨 Karte 2, aD 1
Hier wohnen Sie auf der Hinterbleiche mitten in der Oder und haben Altstadt und Dominsel gleich vor der Tür. Das moderne Hotelgebäude mit über 50 hellen freundlichen Zimmern war früher Verbindungshaus der Breslauer Studentenverbindung Rheno-Palatia und bietet mit seinem rustikalen Mühlenrestaurant, dem Sommergarten und dem schwimmenden Restaurant Barka Tumska (▶ S. 94) Kultur- und Ausflugsprogramme an.

Wyspa Słodowa 10, T 071 322 60 88, www.hotel-tumski.com.pl, Tram pl. Bema, DZ ab 85 €

Modern & schön
Q Hotel Wrocław Plus
🏨 Karte 2, aB 5
Hell, freundlich und rundum angenehm, ist das Q Hotel mit dem Restaurant Questa zwischen Hauptbahnhof und Sky Tower die ideale Basis für Ihren Breslautrip. Für Familien interessant: zwei verbundene Doppelzimmer zu günstigem Preis.

ul. Zaolziańska 2, T 071 749 17 00, www.qhotels.pl/wroclaw-plus, Tram Hotel Wrocław, DZ ab 65 €

Für Wassermänner
Wodnik 🏨 I 4
Das kleine, freundliche Hotel direkt an der Oder bietet seinen Gästen zwölf Zimmer und ein Apartment an, dazu einen großen Parkplatz am Haus. Im Hotel wie im Restaurant Wodnik (dt. Wassermann) dreht sich alles um den Fluss und Schiffe, das Wasser, frische Fische – und was es sonst an guten saisonalen Produkten gibt.

ul. Na Grobli 28, T 071 343 36 67, www.wodnik-hotel.pl, Tram pl. Wróblewskiego, DZ ab 58 €

Das Park Plaza überzeugt mit inneren Werten und Oder-Blicken.

Mit einem polnischen Frühstück, zu dem unbedingt Rührei *(jajecznica)* gehört, starten Sie gut in den Tag. Ihr Mittagessen *(obiad)* stellen Sie sich individuell zusammen, Touristenmenüs sind selten. Schnell und günstig sind die Lunchangebote, die viele Restaurants im Programm haben. Zum Abendessen *(kolacja)* essen Sie kalt oder warm à la carte.

Smacznego! – Breslau kulinarisch

Fester Bestandteil der kulinarischen Landschaft sind Restaurants mit polnischer Küche, vor allem in Lemberger Tradition. Auch viel Italienisches finden Sie auf Breslauer Speisekarten. ›Bella Italia‹ liegt in Breslau um die Ecke, fast schon eine lokale Tradition sind japanische und koreanische Restaurants.

Die neuen Einwohner Breslaus kamen 1945 aus Groß- und Kleinpolen, Masuren und von der Ostseeküste oder aus den *kresy,* den ehemaligen ostpolnischen Gebieten, und brachten ihre unterschiedlichen Rezepte mit. Zur bodenständigen polnischen Küche gehören Wild- und Fischgerichte und Suppen wie *barszcz* (Rote-Bete-Suppe), *żurek* (säuerliche Mehlsuppe mit Kartoffeln, gekochten Eiern oder Wurst) oder *kapuśniak* (Sauerkrautsuppe). Beliebt ist *bigos,* ein schmackhafter Krauteintopf, der je nach Zutaten eine eigene Note bekommt: Weißkohl, Sauerkraut, verschiedene Wurst- und Fleischsorten, Äpfel, Zwiebeln, Pilze und getrocknete Zwetschgen sowie Gewürze werden tagelang zusammen gekocht. *Naleśniki,* polnische Pfannkuchen, gibt es süß oder pikant mit Fleisch, Fisch oder Geflügel gefüllt. Auch Proggen kann man immer essen: als Vorspeise *pierogi ruskie* (mit Quark), als Hauptspeise mit Fleisch und als Nachspeise mit Obst. *Smacznego,* guten Appetit!

Wenn schon, dann stilecht: Piroggen auf einem Teller aus Bunzlauer Keramik.

SO BEGINNT EIN GUTER TAG IN BRESLAU

Hell und freundlich
Café Bema 🔵 Karte 2, aC 1
Guter Kaffee, leckere Gerichte aus regionalen Produkten, angenehme Musik und nette Leute – was will man mehr? Zum Frühstück Rührei mit Schinken oder Schnittlauch, Omelettes und Haferbrei mit Obst und Smoothies, der Kaffee dazu kostet nur 1,50 €. Für Kinder gibt es eine Extra-Frühstückskarte.
ul. Drobnera 38, T 071 322 02 12, http://bema cafe.pl, Tram pl. Bema, Mo–Fr 8–21, Sa/So 9–21 Uhr, Quiche mit Salat ab 4 €

Ihre persönliche Frühstückskreation
Café Central 🔵 Karte 2, aB 3
Stellen Sie Ihr Frühstück individuell zusammen – eine lange Liste von Zutaten macht es möglich. Auch *naleśniki* (Pfannkuchen), Omelette, Haferbrei mit Obst, Eier und Würstchen sind dabei, außerdem viele verlockende Kuchen.
ul. Antoniego 10, T 071 794 96 23, http://cent ralcafe.pl, Tram Rynek, Mo–Fr 7–21, Sa 9–21, So 9–16 Uhr, ab 5 €

Frühstücken bis Mitternacht
Charlotte – Chleb i Wino
🔵 Karte 2, aB 3
Unter der Woche ab 7 Uhr: köstliche Brote, frisch gebacken direkt aus dem Ofen vor Ort, mit selbst gemachter Marmelade, Kaffee- und Teespezialitäten nach Wahl in Boulangerie-Atmosphäre. Dazu französische Ohrwürmer wie »Aux Champs-Elysées«, große Tische für kommunikative Typen oder Einzeltische für Morgenmuffel. Für später am Tag bietet sich ein reiches Weinsortiment an.
ul. Antoniego 2/4 (im Pokoyhof), T 06 08 64 69 66, http://bistrocharlotte.pl, Tram Rynek, Mo–Do 7–24, Fr 7–1, Sa 9–1, So 9–22 Uhr, ab 3,75 €

Köstlicher Mix
Fuzja na Solnym 🔵 Karte 3, aB 2
Die Frühstückskarte im Oppenheim-Haus lässt keine Wünsche offen – ob Haferbrei oder Müsli, Omelette,

Eier in allen Variationen, Bagel oder Brötchen, herzhaft oder süß. Besonders die großen Frühstücksteller mit griechischen, italienischen, spanischen oder englischen Zutaten machen die hier typische ›Fusion‹ aus – Frühstück gibt's täglich bis 12 Uhr.
pl. Solny 4, T 071 302 75 56, Tram Rynek, So–Do 9–0, Fr–Sa 9–1 Uhr, ab 4 €

Brioche & Rührei
Giselle French Bakery Café
🔵 Karte 3, aC 2
Voilà, die perfekte polnisch-französische Kombi für Frühstück oder Brunch: französische Backwaren, Eier in allen Variationen, Kuchen, Suppen oder Überbackenes und Sandwiches!
ul. Szewska 27, T 071 725 55 62, www.facebook. com/giselle.cafe.bistro, Tram Wita Stwosza, Mo–Sa 8–20, So 10–19 Uhr, Frühstück ab 5 €

WO ESSEN AUF NACHHALTIGKEIT TRIFFT

Selbstbedienung, rustikal
Chatka przy Jatkach 🔵 Karte 3, aB 2
Die ›Bauernkate‹ mit Strohdach und Bunzlauer Geschirr gegenüber dem Eingang zur Jatki-Gasse ist zu jeder Tageszeit gut besucht. Sie bietet schnelle, einfache Gerichte aus lokalen Produkten zu günstigen Preisen (Selbstbedienung).
ul. Odrzańska 7, T 05 30 23 08 11, www. facebook.com/Chatka-przy-Jatkach, Tram Rynek, Mo–Fr 11–23, Sa/So 12–23 Uhr, Gerichte ab 4 €

Originell
Lot Kury 🔵 Karte 3, aB 3
Agata Janyszek serviert im Lot Kury (dt. Hühnerflug) Produkte kleinerer, inländischer Firmen. Wo Kommissar Eberhard Mock, der Kommissar der Breslau-Krimis, gerne sein Kissling-Bier trank, gibt es heute Bier aus Hausbrauereien oder Limonade sowie Pfannkuchen, Salate und Kuchen aus eigener Produktion.
ul. Ofiar Oświęcimskich 17, www.lotkury.pl, Tram Rynek, Di–Do 0–0, Fr/Sa 10–3, So/Mo 10–23 Uhr, Drinks 5 €

Satt & glücklich

Farbenfroh und gesund
Restauracja Malarska 25
🍴 Karte 3, aB 2
Buntes, eingelegtes Gemüse in großen Weckgläsern, rustikale Holzscheite und ein Holzofen gehören zum behaglichen Ambiente in der Malerstraße. Serviert werden frische, saisonale Produkte aus der Region, die Speisen sind fantasievoll komponiert – ein Fest der Sinne, tatsächlich wie gemalt!
ul. Odrzańska 24/29, T 08 87 55 25 25, www. malarska25.pl, Tram Rynek, Mo–Do 12–22, Fr–Sa 12–23, So 12–21 Uhr, ab 7,50 €

Alles vega
Vega 🍴 Karte 3, aB 2
Seit 1987 werden hier vegetarische und neuerdings auch vegane Gerichte auf zwei Etagen angeboten. Es gibt große Portionen zu kleinen Preisen, Öko- und Fair-Trade-Produkte in leckerer Zubereitung. Die Lage schräg gegenüber vom Pranger ist unübertroffen, die Atmosphäre zudem sehr angenehm.
ul. Sukiennice 1/2, T 071 344 39 34, http://barvega.wroclaw.pl, Tram Rynek, Mo–Fr 8–19, Sa/So 9–17 Uhr; vegane Küche: So–Fr 12–18, Sa 12–17 Uhr, Gerichte ab 4 €

Die Visitenkarte der Kulturhauptstadt 2016 und ein Ort der Begegnung: Barbara

Treffpunkt Kultur
Barbara 🍴 Karte 2, aB 3
Anstelle der ehemaligen Bar Barbara ist hier eine ganz coole neue Barbara eingezogen – als Visitenkarte der Kulturhauptstadt Europas 2016. Hier kommt alles original von Produzenten aus Breslau oder Niederschlesien: die Einrichtung vom Studiodesigner Oskar Zięta (▶ S. 101), das Porzellan aus Jaworzyna Śląska (Königszelt), Glas aus der Hütte Julia in Piechowice (Petersdorf) im Riesengebirge. Auch das Bistro bietet regionale Produkte an. Barbara ist nicht nur Infopunkt zu allen Themen rund um die Kulturhauptstadt, sondern ist auch Treffpunkt für Projekte, Ausstellungen, Filmvorführungen, Workshops und Kulturinitiativen. Der Treffpunkt ist barrierefrei gestaltet und hat eine Spielecke für die Jüngsten. Polnische Sitzmöbel aller Stilepochen laden ein – ob für Sie auch etwas Bequemes dabei ist? Unbedingt testen und vorbeischauen, wenigstens auf einen Kaffee!
ul. Świdnicka 8c, www.facebook.com/barbara kultura, tgl. 8–20 Uhr, Lunch ab 5 €

Jugendstilig
Artzat 🍴 Karte 3, aB 2
Hohe Räume, tiefe Sofas und Fensternischen mit blau-goldenen Verzierungen im Klimt-Stil schaffen die Atmosphäre für eine gemütliche Auszeit.
ul. Malarska 30, T 071 372 37 66, www. artzatcafe.pl, Tram Rynek, tgl. ab 11 Uhr

Fairtrade
Café Rozrusznik 🍴 Karte 2, aB 1
Kaffeekultur (Fair Trade) wird hier groß geschrieben, Sandwiches und Vegetarisches ergänzen das Angebot in diesem experimentierfreudigen Café im Stadtteil Nadodrze (Odertor) gegenüber der Universität. Es entstand als unabhängiges ›Do it yourself‹-Projekt und ist eine der ersten Initiativen zur Belebung des Stadtviertels auf der rechten Oderseite – vielleicht daher der Name ›Anlasser‹ oder ›Starter‹. Der Motor ist inzwischen

Das Graffito weist auf das Kalambur hin, einen Studententreff mit Theatertradition.

angelaufen, das kinderfreundliche und preisgünstige Café hält weiter mit.
ul. Cybulskiego 15, www.facebook.com/cafe rozrusznik, Tram Pomorska, Mo–Fr 7.30–21, Sa/So 10–21 Uhr, großer Kaffee 1,50 €

Kult
Hardrock Café ⦿ Karte 3, aB 3
Bekannt, beliebt und ein Muss für alle Rock'n'Roll-Fans und Sammler der Hardrock-Café-Souvenirs! Das Breslauer Café bietet auch eine lokale Burger-Version mit Sauerkraut und polnischer Weißwurst an (10 €). Ausgestellt sind Outfits von Auftritten von Lady Gaga und anderen Stars – die ideale Bühne für Live-Musik-Abende mit polnischen Bands.
Rynek 25, l 071 726 11 40, www.hardrock. com/cafes/wroclaw, Tram Rynek, tgl. Restaurant 12–23.30, Bar 12–0, Shop 10–23.30 Uhr, Gerichte ab 10 €

Kultige Geschwister
Kalambur Art Café ⦿ Karte 3, aC 2
Mischen Sie sich in diesem verrauchten Café mit Theatertradition und Jugendstilmöbeln mit vielen Messingdetails unter die Studenten. Spezialität des Hauses sind warmer Apfelkuchen *(szarlotka)* oder Käsekuchen *(sernik)*. Mi–Sa ab 21 Uhr übernehmen die DJs die Regie. Hervorgegangen ist der Treffpunkt der Künstlerszene aus der Kantine des Studententheaters Kalambur in der 1. Etage. Kalambur (männlich!) hat eine Schwester bekommen: Kalaczakra gibt sich – Tribut an den Zeitgeist – vegetarisch, rauchfrei, antialkoholisch und immer total entspannt, natürlich mit Internet-Hotspot.
ul. Kuźnicza 29a, T 071 343 92 68, www.kalam bur.org, Tram Uniwersytecka, tgl. 12–1.30 Uhr

Incognito
Literatka ⦿ Karte 3, aB 2
Ein Ort für Literaturbegeisterte, ein bisschen Krakau von früher, geeignet für ungestörte Gespräche, für Begegnungen mit Autoren. Durch die Fenster schauen Sie dem Treiben auf dem Ring bei einem kühlen Bier oder einem Kaffee zu. Außergewöhnlich: Es gibt ein Raucherzimmer.

Rynek 56/57, T 071 341 80 13, www.kawiarnia
literatka.pl, Tram Rynek, tgl. 10–2 Uhr,
Lunch ab 5 €

Ratusz 1, Rynek, T 071 341 13 35, www.pod
fredra.pl, Tram Rynek, 11–23 Uhr, Räucherwurst
ab 5 €

150 Jahre süße Tradition
Pijalnie Czekolady Wedel  H 3

Das dunkle Wedel-Weinrot verschafft
der Schokoladentrinkstube der War-
schauer Firma ihr charakteristisches
Ambiente. Ein Dutzend Trinkschokoladen
steht zur Auswahl, Espresso oder Kaffee
sowie eine großes Sortiment an Pralinen
(im Magnolia Park im Haupteingangs-
bereich, ▶ S. 102, oder pl. Grunwaldzki
22, Pasaż Grunwaldzki im 1. Stock über
dem Haupteingang).
Rynek 59, T 071 346 06 92, www.wedelpijalnie.
pl, Tram Rynek, Mo–Do 9–22, Fr–So 9–24 Uhr

Mit Räucherkammer
Pod Fredrą Karte 3, aB 2

Vielfältige Gerichte nach altpolnischen
Rezepten genießen Sie in rustikaler
Atmosphäre im Restaurant direkt beim
Fredro-Denkmal am Rathaus. Spezialität
des Lokals sind Schinken und Wurst-
waren aus der eigenen Räucherkammer.
Wenn Sie etwas von der Wand nehmen
möchten, greifen Sie lieber zu den
Musikinstrumenten und lassen die
Gewehre hängen …

Beste Pizza
VaffaNapoli Karte 2, aA 3

Geh nach Neapel … oder zu VaffaNapoli
(nicht über die Warteschlangen wundern):
neapolitanische Pizza aus dem Steinofen,
33 cm Durchmesser, vegetarisch, vegan,
pikant, scharf oder sehr scharf.
Pawła Włodkowica 13, www.facebook.com/
VaffaWroclaw, Tram Rynek, tgl. 12–22 Uhr, Pizza
ab 4,50 €, Mo–Fr auch Lunch von 12–14 Uhr,
ab 4,75 €

EXPERIMENTIERFREUDIG UND UNGEWÖHNLICH

Schwimmendes Restaurant
Barka Tumska Karte 2, aD 1

Hell erleuchtet liegt die Barka Tumska
auf der Oder wie ein Raddampfer auf
dem Mississippi. Auf drei Etagen finden
Sie an Deck ein Terrassen-Café, ein
Restaurant und einen Pub.
Wyspa Słodowa 10 (am Hotel Tumski), T 071
322 60 77, www.hotel-tumski.com.pl, Tram pl.
Bema, Mo–Do 12–22, Fr 12–24, Sa 10–24,
So 10–22 Uhr, Gerichte ab 7 €

Das Restaurant Bułka z masłem lockt mit mehr als nur einem großen Garten.

Für zwischendurch
BLT & flatbreads 🍺 Karte 3, aB 2
Die Abkürzung steht für *bacon, lettuce, tomato* – also Schinken, Salat, Tomate. Diese und andere köstliche Zutaten wie gegrillte Hähnchenbruststreifen kommen auf einer Unterlage aus Teig – es kann auch eine Pizza sein. Oder Tacos mit Dorsch. Ideale frische Snacks für zwischendurch, günstig, lecker und in.
ul. Ruska 58/59, T 071 796 33 44, www.facebook.com/bltwroclaw, www.blt.wroclaw.pl, Tram Rynek, Mo–Mi 11–21.40, Do 11–22.40, Fr/Sa 11–23.40, So 12–21.40 Uhr, Gerichte ab 5 €

Rund um die Uhr
Bułka z Masłem 🍺 Karte 2, aA 3
Vom Frühstück bis zum späten Abend zu empfehlen – und auf jeden Fall gibt es mehr als nur ein ›Butterbrot‹ (so der Name): leckere Tagesgerichte, fantasievoll belegte Brote, Kaffee, Bier, Cocktails und Shakes. Nehmen Sie sich von dem selbst gemachten Kompott, das zur Selbstbedienung in einem großen Topf bereitsteht. Hauptattraktion ist der wunderbare Garten direkt an der Altstadtpromenade. Garantiert finden Sie hier Ihre Lieblingsecke – vielleicht den Tisch mit dem Klavier – und greifen zwischendurch auch mal in die Tasten. Keine Reservierungen.
ul. Włodkowica 8a, T 05 03 47 62 41, www.facebook.com/bulkazmaslemwroclaw, Tram Rynek, Mo–Do 10–23, Fr/Sa 10–1, So 10–23 Uhr, Lunch ab 5,75 €

K.u.K.-Inszenierung
Cesarsko-Królewska
🍺 Karte 3, aB 2
Im Eingang steht eine Büste von Kaiser Franz Joseph I. Im böhmischen Saal eine Bar unter gotischen Spitzbögen, im österreichischen dominieren Weiß, Rosé und Gold mit Kronleuchtern, der Budapest-Raum ist von den ungarischen Nationalfarben Grün-Weiß-Rot geprägt. Vor dieser Kulisse können Sie altpolnische Küche mit Wiener Akzenten genießen – wie schon der Dalai Lama und andere Ehrengäste zuvor.
Rynek 19, T 071 341 92 07, www.restauracja-ck.pl, Tram Rynek, tgl. 13–24 Uhr, Gerichte ab 6 €

Böhmen in Breslau
Restauracja Česká 🍺 Karte 3, aB 3
Hier wird nicht nur Bier getrunken, sondern auch mit Bier gekocht. Herzhafte böhmische Küche und ein gutes Preis-Leistungsverhältnis erwarten die Gäste, ganz abgesehen vom Pilsener Urquell. … Achtung: Prost heißt hier ausnahmsweise nicht »na zdrowie«, sondern tschechisch »na zdraví«!
ul. Świdnicka 8A, T 06 02 22 27 77, http://ceska.pl, Tram ul. Świdnicka, Mo–Do 12–23, Fr–Sa 12–0, So 12–22 Uhr, ab 6,25 €

Japanisch-Koreanisches Abenteuer
Darea 🍺 Karte 3, aC 2
Wird von den Koreanern in Breslau gerne empfohlen. Erklärtes Ziel des Darea ist es, nicht nur den Hunger zu stillen, sondern geschmackliche Abenteuerreisen zu ermöglichen – was offensichtlich gelingt: mit Nigiri, Suppen, Vorspeisen, Sushi, Fisch und Fleisch, auch vom Grill.
ul. Kuźnicza 43/45, Altstadt, T 071 343 53 01, www.darea.pl, Tram Uniwersytecka, tgl. 12–22 Uhr, Gerichte ab 7,50 €

Lemberger Nostalgie
Karczma Lwowska 🍺 Karte 3, aB 2
Viele Gerichte der *karczma* (Gasthof) haben den Zusatz *po lwowsku* – auf Lemberger Art. Zur Begrüßung wird Schmalz und Brot gereicht, das Lemberger Bier trinkt man aus Steingutkrügen. Guter Wodka (wie ein edler, in Eichenfässern gereifter Starka) ist hier ebenso am Platz wie ein koscherer 70 %-iger Śliwowica.
Rynek 4, Altstadt, T 071 343 98 87, www.facebook.com/karczma.lwowska, Tram Rynek, tgl. ab 11 Uhr, Gerichte ab 6 €

Wie bei Großmutter
Kurna Chata 🍺 Karte 2, aB 2
Die ›dörfliche Hütte‹ mitten in der Altstadt ist immer voll. Hier gibt es Truthahn in Sahnesauce, ungarisches Gulasch, Fischgerichte oder Bigos im Brotteig. Die Speisekarte ist umfangreicher als in der benachbarten Chatka przy Jatkach, das Essen immer noch günstig.
ul. Odrzańska 17, T 071 341 06 68, www.kurnachata.pl, Tram Uniwersytet, tgl. 12–23.30 Uhr, Gerichte ab 4,50 €

Milano non più
Mama Manoush 🍴 Karte 3, aB 3
Fantasievolle Speisen und eine umfangreiche Weinkarte (aber auch mährisches Bier vom Fass) laden am Ort des früheren Milano più auf zwei Stockwerken ein. Von Foie gras bis zu verschiedensten Steaks steht internationale Küche auf der Speisekarte.
ul. Świdnicka 4A, T 071 786 62 92, www.facebook.com/mama.manoush, Tram Świdnicka, tgl. 9–23 Uhr, Hauptgerichte ab 8,50 €

Fisch & mehr
Modra Odra 🍴 Karte 3, aB 2
Genießen Sie in der »Blauen Oder« (so die Übersetzung des Namens) frischen Fisch aus schlesischen Flüssen, Meeresfrüchte oder Fleischgerichte. Fisch und Fleisch werden vor Ort selbst geräuchert. Tagesangebote ergänzen die Speisekarte. Tipp für Eilige: Am Ring verkauft Modra Odra auch Street Food (Rynek 15 / 1c).
Odrzańska 24/29, T 05 30 22 25 55, www.modraodra.pl, Tram Rynek, tgl. 12–23 Uhr, Gerichte ab 7 €

Luxuriös
Monopol 🍴 Karte 2, aB 3
Vor dem Zweiten Weltkrieg wie zu kommunistischen Zeiten war dies das exklusivste Restaurant der Stadt, jetzt ist das stilvolle Restaurant im Hotel Monopol nach komplettem Um- und Ausbau in klassisch-edler Ausstattung wieder da. Lernen Sie hier die besten Seiten der modernen polnischen Küche kennen!
ul. Heleny Modrzejewskiej 2, T 071 772 37 80, www.monopolwroclaw.hotel.com.pl, Tram Świdnicka oder Opera, tgl. 12–23 Uhr, Gerichte ab 12 €

Jüdische Küche
Sarah 🍴 Karte 2, aA 3
Traditionelle koschere jüdische Küche – gerne auch mit lokalem Bezug wie beim ›Rindfleisch Gebrüder Barasch‹ (den jüdischen Kaufleuten gehörte das Kaufhaus am Ring, das heutige Feniks) – gibt es nur im Sarah. Den Sommergarten im Innenhof vor der Synagoge teilen sich Sarah und Mleczarnia. Familien mit Kindern sind willkommen.
ul. Włodkowica 5, T 071 792 49 56, www.sarah.wroclaw.pl, Tram Rynek, tgl. 12–22 Uhr, Gerichte ab 5 €

In gotischen Gewölben
Pod Gryfami 🍴 Karte 3, aB 2
Bevor das Restaurant im Greifen-Haus in die gotischen Säle einziehen konnte, mussten 1993 im größten Haus am Ring aus den unterirdischen Gewölben 1500 t Schutt abtransportiert werden. Dafür sitzen Sie nun gemütlich 10 m unter dem Ring, auf den Tisch kommen Fleisch- und Pilzgerichte der polnischen Küche.
Rynek 2, Altstadt, T 071 343 79 27, www.podgryfami.pl, Tram Rynek, Mo–Sa 9.30–23, So 10–22 Uhr, Gerichte ab 8 €

Schlicht japanisch
Sakana 🍴 Karte 2, aB 2
Frischer Fisch und Meeresfrüchte, Sake und japanisches Bier – traditionelle japanische Esskultur und minimalistisches japanisches Design verbindet die Sushibar und lenkt den Blick auf das Wesentliche: die Schiffchen mit Sushi, die in der Wasserrinne an der Bar angeschwommen kommen …
ul. Odrzańska 17/1a, T 071 344 01 05, www.sakana.pl, Tram Uniwersytet, Mo–Sa 12–23, So 13–22 Uhr, Portion Sushi ab 2,75 €

Geschmackserlebnis
Umami Dumpling & Pasta Bar
🍴 Karte 3, aB 2
Hier gibt es Fisch, Fleisch und vor allem: Teigtaschen – japanisch, italienisch oder international. Entscheidendes Kriterium ist ihr intensiver Geschmack, eben *Umami*, was japanisch soviel wie »schmackhaft, würzig« bedeutet und für Zufriedenheit, Wärme und Ruhe sorgen soll.
Rynek 60, T 0602 660 038, http://umami.wroclaw.pl/en, Tram Rynek, tgl. ab 10.30 Uhr, ab 7 €

Anlegestelle
Przystań 🍴 Karte 2, aB 1
Mitten in der Oder spiegeln sich der Mathematische Turm und das barocke

BRESLAUER BIER

Zu herzhaftem Essen passt in Breslau am besten ein kühles Bier. Auf gelben Schirmen mit dem Emblem des Breslauer Rathauses steht Piast Wrocławski – Breslauer Piast. Das traditionell gebraute, helle **Piast** hat 5,3 % Alkohol, das starke dunkle Piast Mocne 6,7 %. Auch wenn Piast seit über hundert Jahren mit Breslau verbunden ist und als Essenz niederschlesischer Braukunst gilt – produziert wird das Breslauer Bier unter dem Dach von Carlsberg Polska seit 2004 in Kattowitz. Piast hat die Restaurierung des Breslauer Rathauses unterstützt und sponsort den Breslauer Fußballverein Śląsk Wrocław. Das wieder vor Ort gebraute Bier der Stadt war das **Spiż** der ersten

Minibrauerei Polens. Seit 1992 hat das erfrischende Bier aus den Kupferkesseln viele Liebhaber gefunden. Gönnen Sie sich eins im Keller unter dem Rathaus im gleichnamigen Lokal an der Bar oder an großen Holztischen im mit viel trockenem Hopfen dekorierten Schankraum. Das Bier wird in hauseigenen Spiż-Krügen serviert. Im Sommer füllen die Spiż-Tische auch den Platz vor dem westlichen Rathauseingang beim Fredro-Denkmal. Heute gibt es zahlreiche Hausbrauereien in Breslau, die ihre regionalen Biere brauen, meist verschiedene Sorten. Auch mährisches, irisches, belgisches und anderes internationales Bier wird in den Breslauer Gaststätten ausgeschenkt.

Universitätsgebäude in den Weingläsern. Hier genießen Sie vom Frühstück bei Morgensonne bis zum Glas Wein bei festlicher Illuminierung am Abend (unbedingt vorher reservieren!) die grandiose Aussicht auf Universität und Elisabethkirche, Sand- und Dominsel – und Gerichte der Mittelmeerküche.
ul. Księcia Witolda 2, T 071 789 69 09, www.przystan.wroc.pl, Tram Uniwersytet, Mo–Fr 9–23, Sa 10–23, So 11–23 Uhr, Gerichte ab 9 €

Erfrischend
Tutti Frutti Karte 2, aB 4
Ob auf gemütlichen Sofas oder stylishen Barhockern – kalte und warme Snacks, Salate, Suppen, Säfte oder Kuchen, allesamt frisch und sehr schmackhaft zubereitet. Ein Rückzugspunkt gegenüber vom Einkaufszentrum Renoma.
pl. Kościuszki 1, T 071 759 11 11, www.tutti-frutti.pl, Tram Renoma, Mo–Fr 7–22, Sa 9–22, So 10–22 Uhr

97

ZUM SELBST ENTDECKEN

Als neuer Schwerpunkt mit vielen kleinen, kreativen Läden hat sich das ehemalige jüdische Viertel entwickelt. Exklusiv und vornehm wird es allmählich wieder auf der **ul. Świdnicka** (Schweidnitzer Straße). Hier finden Sie Topmode, Delikatessen und Spitzenweine, etwa im restaurierten legendären Hotel Monopol aus dem 19. Jh. mit exklusiver Shoppingpassage oder im Renoma, dem ehemaligen Wertheim-Kaufhaus aus den 1930er-Jahren. Immer mehr Galerien und Geschäfte eröffnen in letzter Zeit in der **Odervorstadt** (Nadodrze) – ein Stadtteil ›auf dem Sprung‹, der an Attraktivität gewinnt.

Wunderbare Einkaufswelten

Shopping in Breslau wird luxuriöser, angenehmer, schöner – und teurer. Trotzdem ist das Preisniveau im europäischen Vergleich günstig. Rund um den Ring und in den Straßen der Altstadt finden Sie viele kleine Galerien, Antiquariate und Antiquitätengeschäfte. Kunst, Kunsthandwerk, Bunzlauer Keramik, Schmuck und Design stehen hier im Mittelpunkt, so etwa in der Jatki-Gasse.

In den letzten Jahren entstanden neue Einkaufszentren und Passagen. Im Bereich der Altstadt veränderte als erste die **Galeria Dominikańska** am Dominikanerplatz die innerstädtische Einkaufswelt. Wie die **Grunwaldzki-Passage** erfüllt sie einen zuvor leeren, nach 1945 nicht bebauten Platz wieder mit Leben. In der Umgebung liegen etliche Hochschulen, so ist das Angebot der Passage vor allem auf ein junges Publikum ausgerichtet. Westlich des Zentrums kam das Einkaufszentrum **Magnolia Park** hinzu, das am intensivsten Shopping und Unterhaltungsangebote miteinander verbindet. Neueste Attraktion ist der **Sky Tower** südlich des Hauptbahnhofs, der auf drei Etagen eine Vielzahl von Boutiquen, Sportmöglichkeiten und Gastronomie anbietet.

Geschäfte haben täglich bis in die Abendstunden hinein geöffnet, am Sonntag oft kürzer.

In der Manufaktura gibt es traditionelle Bunzlauer Keramik in blau oder braun, doch es sind auch andere Farben, Muster und Formen im Angebot.

BÜCHER UND MUSIK

Passioniert
Antykwariat Andrzej Jaworski
🛍 Karte 3, aC 2
Tausende Titel aus verschiedensten
Themenbereichen und Zeiten hat
Andrzej Jaworski zusammengetragen.
Wissenschaftliche Literatur ist dabei,
aber auch Schlesisches, alte deutsche
Kochbücher und Literatur.
ul. Kuźnicza 43/45, T 071 780 66 59, www.
antykwariat-wroclaw.pl, Tram Uniwersytecka,
Mo–Fr 10–18, Sa 10–14 Uhr

Buchkaufhaus
Empik Wroław Wroclavia
🛍 Karte 2, aC 5
Die empik-Kette hält nicht nur die
Neuerscheinungen des polnischen
Buchmarktes und ausländische Bücher
parat, sondern auch CDs, DVDs, Spiele
sowie Zeitschriften und internationale
Zeitungen. Mit Letzteren hatte 1948
in Warschau alles angefangen: Die
Initialen MPiK standen für ›Internationale Presse und Bücher‹, die Fenster
zur (westlichen) Welt waren. Empik
organisiert auch Autorenlesungen und
verkauft Büromaterialien. Mit Café.
ul. Sucha 1, im Wroclavia-Einkaufszentrum
(Bus-Bahnhof), www.empik.com/salony-empik/
wroclaw, Tram Dworzec Autobusowy, Mo–Do, So
9–21, Fr–Sa 9–22 Uhr

DELIKATESSEN UND LEBENSMITTEL

Für Genießer
Old Havana Cigars Shop & Lounge
🛍 Karte 3, aB 2
Die größte Auswahl der Stadt an Zigarren aus Kuba, Honduras, Nicaragua und
der Dominikanischen Republik, darunter
die exklusive Cohiba Behike 52, gibt es
hier, direkt am Hotel Patio.
ul. Kiełbaśnicza 24/6, T 07 90 80 22 81, www.
oldhavana.pl, Tram Rynek, tgl. ab 11 Uhr

Reiseproviant
Carrefour Wroclavia 🛍 Karte 2, aC 5
Im Wroclavia-Einkaufszentrum auf der
Rückseite des Hauptbahnhofs und direkt
über dem Busbahnhof im UG kann man
sich gut für die Rückreise mit Proviant
versorgen. Direkt im Eingangsbereich
gibt es frische Salate und Obst, reisefer-
tig verpackt.
ul. Sucha 1, T 071 757 21 25, www.wroclavia.
pl/store/Carrefour, Mo–Sa 7–22, So 9–21 Uhr

Jugendstilkaufhaus
Feniks 🛍 Karte 3, aC 2
Gegenüber von Rathaus und Pranger
können Sie sich im Supermarkt im Kaufhaus Feniks bequem mit allen nötigen
Lebensmitteln versorgen. In dem ehemaligen Warenhaus der Gebrüder Barasch
gibt es auch eine Drogerie im Erdgeschoss, Haushaltsartikel bekommen Sie im
2. Stock. Diskussionen über die Rückkehr
des großen Globus, der ursprünglich oben
auf dem Dach des Hauses angebracht
war, gibt es alle paar Jahre. Er wurde in
einem Unwetter zerstört.
Rynek 31, T 071 337 18 00, www.feniks.wroc.
pl, Tram Oławska, Mo–Mi 6.30–21, Do–Sa
6.30–24, So 10–18 Uhr

Geheimtipp
Sklep Mięsny
🛍 Karte 2, aE 4
Echten polnischen Landschinken und
kabanosy, traditionelle Brühwürste aus
gepökeltem Schweinefleisch, empfiehlt
Andrzej Juszczak. Der Metzger ist weit
über Breslau hinaus bekannt für seine
hervorragende Ware, den freundlichen
Service und seine Verkaufsräume: Das
einzige, komplett mit allen Wand- und
Deckenfliesen erhaltene Ladenlokal
einer Vorkriegsschlachterei in Polen
diente schon als Filmkulisse. Die beiden
Pferdeköpfe an der Hauswand nebenan
gehörten früher zum Firmengrundstück,
noch heute helfen sie, das Geschäft
schnell zu finden.
ul. Traugutta 99, T 071 343 28 24, Tram pl.
Zgody, Di–Fr 9–17, Sa 9–14 Uhr

Erlesen
Wina i Specjaly
🛍 Karte 2, aB 3
Weine aus der ganzen Welt hat der
Sommelier Józef Turkowski gesammelt.

Anfang der 1990er-Jahre war er einer der ersten, die Weine, Meeresfrüchte und andere Delikatessen in seinem Restaurant am Ring einführten. Auch Tropfen aus der Region Schlesien hat er heute im Angebot – ein Revival, nachdem der Weinanbau in sozialistischer Zeit fast völlig zum Erliegen kam.

ul. Krupnicza 7, T 071 789 44 66, Tram Rynek, Mo–Fr 10–19, Sa 10–16 Uhr

FLOH- UND STRASSENMÄRKTE

Für Schatzsucher
Flohmarkt (Giełda Staroci) 🏠 J 4
Rund um die Jahrhunderthalle breitet sich einmal im Monat eine bunte Landschaft von etwa 200 Ständen mit allem Erdenklichen von Antiquitäten bis Gerümpel aus. Möbel, Porzellan, Bilder, Uhren, Spazierstöcke und Ersatzteile warten auf neue Besitzer. Wie wäre es mit der polnischen Fahne mit Adler?

ul. Wystawowa 1, letzter Sa/So im Monat oder Sa/So Mitte des Monats, Tram Hala Stulecia, 10 Uhr, 0,50 €

Bunt und lebendig
Markthalle (Hala Targowa)
🏠 Karte 2, aC 2
An den Ständen sind frisches Obst und Gemüse in bunter Fülle ausgebreitet. Getrocknete, aufgefädelte Pilze hängen herab, eingelegte Dillgurken schwimmen in Fässern. Stände mit bunten polnischen Süßigkeiten oder Schokoladen, Nüssen und Rosinen, eine meterlange Bar mit Törtchen und Kuchen, die nach Gramm geteilt werden. Auch Fleisch- und Fischstände gibt es, oben auf der Galerie vor allem Haushaltsgegenstände oder auch Taschen und Schirme. Im Eingangsbereich bekommen Sie schnell und günstig einen Imbiss. Draußen preisen fliegende Händler ihre Produkte an – manchmal echten *oscypek*, geräucherten Schafskäse aus der Tatra, dem die EU-Vorschriften das Leben schwer gemacht haben.

ul. Piaskowa 15, T 071 344 27 31, Tram Hala Targowa, Mo–Fr 8–18.30, Sa 9–15 Uhr

GESCHENKE, DESIGN, KURIOSES

Aus Schlesien
Antyki Ars Silesiae 🏠 Karte 3, aB 2
Alte und neue Kunst laden zum Anschauen, Entdecken und Kaufen in die älteste private Galerie der Stadt ein. Vielleicht ist ein Bild des schlesischen Impressionisten Arthur Wasner dabei?

ul. Kiełbaśnicza 29, T 071 372 46 91, www.facebook.com/Galeria-Antyki-Ars-Silesia, Tram Rynek, Mo–Fr 11–18, Sa 11–14 Uhr

Volkskunst modern
Folkstar Wrocław Odrzańska
🏠 Karte 3, aB 2
Riesige Auswahl an Gebrauchsgegenständen und Souvenirs mit den bekannten Blumenmotiven, klassisch bunt, schwarz-weiß oder blau-weiß. Leggins, Tassen, T-Shirts, Hefte und Notizblocks, Stifte, Topflappen, Socken – alles 100% Folklore (auch im UG der Galeria Dominikańska oder online).

ul. Odrzańska 15, T 07 92 87 70 22, https://folkstar.pl, Tram Rynek, Mo–Sa 10–20, So 10–18 Uhr

Mit Expertise
Galerie Horszowski 🏠 Karte 3, aB 2
Hier finden Sie Stilmöbel, Uhren von Lalique, Patek Philippe oder Cartier, Gemälde, Glas und Porzellan, auch mal ein silbernes russisches Balltäschchen oder ein Art-déco-Teeservice, aber im Wesentlichen ist die Galerie auf Schmuck spezialisiert.

Rynek 2, T 071 344 80 35, http://antyki.podgryfami.pl, Tram Rynek, Mo–Fr 11–17, Sa 11–15 Uhr

Zum Stöbern
Manowce 🏠 Karte 3, aB 2
Originelle Kleinigkeiten oder ausgefallene Vasen allesamt in Handarbeit hergestellt, häufig von Absolventen der Breslauer Kunstakademie.

ul. Więzienna 1/4, T 05 12 57 30 56, www.facebook.com/GaleriaPrzedmiotuiOsobliwosci Manowce, Tram Rynek, Mo–Fr 11–18.30, Sa 11–14.30 Uhr

Bunzlauer Keramik
Manufaktura 🏠 Karte 3, aB 2
Bunzlauer Keramik in traditionellen

In der Markthalle an der Oder gibt es immer frische regionale Produkte. Den Überblick behalten sie von der Galerie im 1. Stock.

und neuen Formen oder Mustern, die auch extreme Temperaturen vertragen kann: Platten, Tassen, Kannen, Vasen oder Kleinigkeiten wie Glocken, Christbaumschmuck, Eier oder Tiere sind ideale Souvenirs, und das nicht nur für Schlesienfans.
ul. Malarska 25/5, T 05 01 02 44 68, http://polish-pottery.com.pl, Tram Rynek, Mo–Fr 9–19 Uhr

Schön & ruhig
Miejsce 🔖 Karte 3, aB 2
Nur wenige Meter vom Ring entfernt gibt es einen liebenswerten Ort *(miejsce)* der Ruhe: In der kleinen Galerie stöbern Sie ungestört in Postkarten, Heften, Postern, Kalendern oder Büchern, meist mit viel Herz, Humor und Leichtigkeit illustriert von dem Breslauer Grafiker Andrzej Tylkowski. Wenn Ihre Einkäufe zu schwer werden, packen Sie sie am besten in eine der 100% polnischen, stabilen Stofftaschen mit bunt-verspielten Motiven von Tieren (gefleckte Hunde, herabhängende Katzen, verknotete Elefanten, fliegende Giraffen, verwickelte Flamingos …), verrückten

Fahrrädern oder witzig gezeichneten Breslauer Sehenswürdigkeiten (11 €). Im hinteren Teil der Galerie wird Kaffee und Tee ausgeschenkt. Ein freundlicher Ort, entspannend.
ul. Odrzańska 8/1a, T 071 343 29 13, www.facebook.com/Miejsce, Tram Rynek, Mo–Sa 10–20 Uhr

Es ›ploppt‹ im Bahnhof
Stacja Dizajn 🔖 Karte 2, aA 3
Eine Welt der schönen Dinge tut sich im linken Seitenflügel des ehemaligen Bahnhofs Dworzec Świebodzki auf: Keramik, Glas, Stoffe, Skulpturen, Grafik, Malerei – Ergebnisse von Experimenten mit Stilen und Techniken, Unikate. Dazu gehören Möbel wie die des Designers Oskar Zięta, der auch die Ausstattung von Barbara (▶ S. 92) kreiert hat. Bekanntestes Objekt ist der preisgekrönte Hocker ((»Plopp«)), der in innovativer FIDU-Technik (= Freie Innendruckformung) hergestellt wird und eine individuelle Form, relativ geringes Gewicht und verhältnismäßig hohe Belastbarkeit kombiniert. In der Galerie können Sie auch mit den Künstlern aus Breslau und ganz Polen direkt in Kontakt kommen.

Galeria nennen sich die großen Einkaufszentren in Breslau. Wie hier in der Dominikańska finden Sie dort eine bunte Mischung international bekannter, aber auch einheimischer Marken.

Ausstellungen und Konzerte sind im Programm, das Bistro Restobar mit seinem netten Team nebenan ist eine perfekte Ergänzung.

pl. Orląt Lwowskich 20d (im Freiburger Bahnhof/Dworzec Świebodzki), T 08 88 49 68 88, http://stacjadizajn.pl, Tram pl. Orląt Lwowskich, Mo–Fr 11–19, Sa 11–23 Uhr

Ein Muss
Wrocławska Galeria Polskiego Plakatu 🛍 Karte 2, aA 2

Ob Fellinis Film »Amarcord«, Benny Goodman aus der Serie »Jazzgrößen« oder »Madame Butterfly« von Puccini in der Opern-Reihe – in der Plakatgalerie finden Sie Klassiker der polnischen Plakatkunst zu Ereignissen und Stars aus Film, Oper, Theater und Kunstbetrieb. In der Reihe »Plakat-Polska« stellt Ryszard Kaja seine pointierte Sicht auf polnische Städte und Regionen vor (17,50 €/Stück). Viele Plakate gibt es auch in Miniaturausgaben auf Postkarten. Zum Reinschauen: https://goo.gl/maps/x81nK

ul. św. Mikołaja 54/55, T 071 780 49 11, www.galeriaplakatu.com.pl, Tram Rynek, Di–Sa 12–18 Uhr

....

MODE UND ACCESSOIRES

Zentralissima
Galeria Dominikańska
🛍 Karte 2, aC 3

Mit über 100 Geschäften, Restaurants und Cafés ist das Einkaufszentrum eines der Hauptshoppingziele zwischen Ring und Panorama Racławicka. Banken und ein *kantor* (1. UG) halten das nötige Bargeld parat. Der französische Supermarkt Carrefour, die spanische Handelskette Zara, die italienische Lingerie Intimisimi oder der deutsche MediaMarkt betreiben hier Filialen. Vom obersten Parkdeck genießen Sie eine hervorragende Aussicht.

pl. Dominikański, T 071 344 95 10, www.galeria-dominikanska.pl, Tram Galeria Dominikańska, Passage Mo–Sa 9.30–21, So 10–20 Uhr; Carrefour Supermarkt, Mo–Sa 9–22, So 10–21 Uhr

Beliebt
Magnolia Park 🛍 D/E 2/3

Westlich vom Zentrum gibt es im Magnolia Park 250 Geschäfte und Gastronomie, ein Kino, 2800 Parkplätze und

ein buntes Unterhaltungsprogramm.
Marken wie Deni Cler, Jack Wolfskin,
KappAhl, Krakowski Kredens, Samsung
Brand Store, Swarovski und Zara sind
etwas für die Großen, das polnische
Kinderland Smyk für die Kleinen.
ul. Legnicka 58, T 071 338 44 66, www.magno
liapark.pl, Tram Niedźwiedzia, tgl. 9–21 Uhr

Besonders chic
MOBO Marita Bobko
🅰 Karte 2, aB 4
Die Breslauer Designerin Marita
Bobko präsentiert in ihrem Showroom
polnische Designermode (nicht nur aus
eigenem Hause): schlicht, leicht, elegant
und perfekt ausgeführt, vor allem aus
Seide, Wolle und Baumwolle.
pl. Kościuszki 12, T 0533 546 046, www.mari-
tabobko.com, Tram Renoma, Mo 11–19, Di–Fr
10–19, Sa 11–16 Uhr

In der Studentenstadt
Pasaż Grunwaldzki 🅰 H 3
Die Passage mit Multikino liegt an
einem der Verkehrsknotenpunkte der
Stadt. Zwischen Gerry Weber, Intimissi-
mi, Timberland, Pierre Cardin und Zara
gibt es auch einen Spielplatz für die
Jüngsten.
pl. Grunwaldzki 22, T 071 335 87 22, www.
pasazgrunwaldzki.pl, Tram pl. Grunwaldzki,
Mo–Sa 9–21, So 10–20 Uhr; Multikino Mo–Sa
9–24, So 10–24 Uhr

Luxusturm
Sky Tower 🅰 F 5
Das höchste Wohngebäude in Polen ist
212 m und 51 Stockwerke hoch: Neben
Luxusapartments und Büros finden Sie
hier 140 Geschäfte, Gastronomie, Sport-
und Dienstleistungsangebote.
ul. Powstańców Śląskich 73–95, T 071 738 31
11, www.galeria.skytower.pl, Tram Wielka,
Mo–Sa 9–21, So 10–20 Uhr

Handtaschen
Wittchen 🅰 Karte 2, aB 5
Elegante Taschen, Schuhe, Gürtel und
sonstige Lederwaren.
ul. Powstańców Śląskich 2–4, Arkady, T 05 18
02 27 39, www.wittchen.com, Tram Arkady,
Mo–Sa 9–21, So 10–20 Uhr

Ein gutes polnisches Essen ohne
Wodka ist kaum vorstellbar. Die
aus Getreide, Kartoffeln oder
Melasse gebrannte hochprozentige
Spezialität passt zu reichhaltigem
Essen und zu geselligen Gele-
genheiten – ein gastfreundlich
angebotenes Gläschen können Sie
kaum ablehnen. Es gibt eine ganze
Palette an Geschmacksrichtungen
und Unterschieden: Das fängt
beim Alkoholgehalt an. Meist liegt
er um 40 %, aber es gibt auch
Sorten wie den bernsteinfarbenen,
koscheren **Passover Sliwowitz**
(Śliwowica Paschalna), der 70 %
Alkohol hat. Besonders edel ist der
dunkle **Starka**. Ähnlich wie Whisky
reift dieser Wodka 10 bis 50 Jahre
in alten Eichenfässern, wobei eine
geringe Menge an Linden- oder
Apfelblätter hinzugefügt wird. Aus
Breslauer Produktion stammen
verschiedene Sorten der Firma
Akwawit-Polmos. Arktica trinkt man
am besten eisgekühlt. Krakus ist ein
milder Wodka, Krakus Exclusive die
Top-Premium-Variante. Wratislavia
ist ein ebenfalls exklusiver Wodka,
die Flasche zeigt eine Breslauer
Stadtansicht nach der Schedelschen
Weltchronik aus dem 15. Jh.

Marken-Mekka
Wrocław Fashion Outlet 🅰 B 3
Hier sind die Preise für Markenware
ganzjährig um 70% und mehr reduziert.
Am westlichen Stadtrand sind über 90
Geschäfte polnischer und internatio-
naler Marken versammelt (Mode,
Sportartikel, Schuhe und Accessoires):
von Adidas, Nike, Puma und Reebok
über Calvin Klein, Marc O'Polo und
Mango bis zu polnischen Marken wie
Kazar und Vistula.
ul. Graniczna 2, T 071 374 00 45, www.factory.pl,
Bus Graniczna, Mo–Fr 10–21, Sa–So 9–21 Uhr

ZUM SELBST ENTDECKEN

Lebendige Szene 24/7

Die Straßen, Plätze, Inseln und Kulturinstitutionen der Stadt sind die Bühne für große und kleine Kunst, Festivals, Konzerte und Performances. Ständige Quelle kreativer Ideen und Projekte sind besonders die Kunstakademie und die Musikhochschule. Breslauer Spezialität ist der Jazz, der bei verschiedenen Festivals, wie z. B. ›Jazz an der Oder‹ oder dem November-Festival zu Allerseelen, immer wieder neu entdeckt wird. Alles, was in der polnischen Jazzlandschaft Rang und Namen hat, ist in Breslau zu Hause, außerdem sind internationale Größen oft und gern gesehen.

Breslau hat durchgehend geöffnet, zu jeder Tages- und Nachtzeit ist etwas los. Fast 140 000 Studenten prägen die Szene. Dass die gerne feiern, ist bekannt, und das Breslauer Nachtleben hat sich bestens darauf eingestellt. Die meisten Lokale, Pubs, Discos und Musikklubs finden Sie am **Ring** (Rynek), **Salzring** (pl. Solny), in den **Altstadtstraßen** und im **Viertel der gegenseitigen Achtung** (▶ S. 44). Hier drängen sich zahlreiche Kneipen, Musikklubs und Bars in den Kellern, Stockwerken oder Hinterhöfen. Sprachprobleme gibt es nicht: Kneipe heißt *knajpa* – mehr über das Breslauer Nachtleben erfahren Sie unter http://wroclaw.tubywam.pl und http://wroclawodkuchni.pl/ (beide leider nur auf Polnisch).

Die ›längste Bar Breslaus‹ finden Sie an mehreren Stellen der Altstadt – verschiedene Pubs und Musikklubs reklamieren sie für sich. Tatsache ist, dass ständig neue – und immer längere – Tresen hinzukommen. Drinks von kalt bis heiß, von bunt bis gesund sind in, klassische Cocktails stehen daher auch auf den Karten der meisten Cafés und Restaurants. *Na zdrowie!*

Die meisten Klubs in Breslau nehmen nur bei Konzerten oder Auftritten der DJs *(didżeje)* Eintritt.

Im Gegensatz zu Warschau oder Lodz gibt es in Breslau keine nennenswerte **Schwulen- und Lesbenszene** (aktuelle Infos finden Sie unter: www.gayscout.com/de/gayguide/map.php).

Straßenmusiker beleben die Altstadt.

BARS UND KNEIPEN

Stammkneipe
Academus ☼ Karte 3, aB 2
An Tischen mit Namen wie ›Schnecke‹, ›Beichtstuhl‹ oder ›Paris‹ unterhalten sich Künstler, Schriftsteller, Schauspieler und Studenten beim Bier. Die Stammgäste schätzen die internationalen Bierspezialitäten vom Fass: Amber Koźlak, ein polnisches Bockbier, tschechisches Staropramen, Maisel's Weisse, belgisches Silly Scotch, Bocq Blanche de Namur, Westmalle Dubbel oder Lindemans Kriek.
ul. Kiełbaśnicza 23, T 07 99 10 77 77, www.academus.pl, Tram Rynek, So–Mo 11–23, Di–Mi 11 0, Do 11 1, Fr Sa 11–2 Uhr

Hopfen über alles
AleBrowar ☼ Karte 2, aA 2
Dieses »American Style«-Lokal ist Treffpunkt aller »Hop Heads of Poland«. Wer sich von Aroma und Geschmack der stark hopfigen Biere in eine andere Welt entführen lassen möchte, ist eingeladen, sich den Hop Heads anzuschließen! Im Angebot: »Sweet Cow«, »Naked Mama«, »Golden Monk«, »King of Hop«, »What a Shot« und viele andere.
ul. Włodkowica 27, T 05 33 94 48 23, www.alebrowar.pl/bary/lokal-firmowy-we-wroclawiu, Tram Rynek, Mo–Do 14–0, Fri–Sa 14–2

Whiskey in the jar...
Coctail Bar Max & Dom Whisky
☼ Karte 3, aB 2
Hinter hohen Fenstern steht eine gut ausgestattete Bar in der Mitte des Raums. Das angenehme, nicht zu laute Ambiente macht Gespräche möglich. Auch Raucher kommen auf ihre Kosten und haben einen durch eine Glaswand abgetrennten eigenen Raum mit Zigarren und seltenen Whiskysorten (manche aus den 1960er-Jahren).
ul. Rzeźnicza 28–31, T 06 91 96 00 00, www.barmax.pl, Tram Rynek, tgl. 11–5 Uhr

Bis morgen
Do Jutra ☼ Karte 2, aB 3
Der restaurierte Pokoyhof erinnert an Berliner Hinterhöfe – mit etlichen neuen Kneipen, die sich im Sommer auf den Innenhof ausdehnen. Das Do jutra (dt. Bis morgen) hat regionale Biere vom Fass, Cocktails und Tagesgerichte zu guten Preisen im Angebot. Kommen Sie morgen gerne wieder!
ul. Św. Antoniego 2/4 (Pasaż Pokoyhof), T 08 83 50 21 02, www.dojutra.com, Mo–So 9–20 Uhr

Nicht nur Gerümpel
Graciarnia ☼ Karte 2, aB 3
›Rumpelkammer‹ heißt der Klub nicht weit vom Schloss, den ein Kunststudent gemütlich mit alten Sitzmöbeln aus ganz Polen, Musikinstrumenten und Kostümen aus dem Opernfundus ausstaffiert hat. Bei Jazz- oder Soulmusik genießen Sie hier Schokoladen- oder Kaffeespezialitäten wie White Cow mit viel Milch und Sahne oder Graciarka (mit Bailey's, Mintsirup und Sahne).
ul. Kazimierza Wielkiego 39, T 071 795 66 88, www.graciarnia.com.pl, Tram Rynek, tgl. 12–2 Uhr

Fußball und Musik
Guinness ☼ Karte 3, aB 2
Für Fußballfans ist das Guinness ideal: Hier wird jedes Spiel gezeigt. Nichtfußballer halten sich eher an die Livemusik im Pub an der Ecke Ruska-Straße/Salzring und natürlich das Guinness (oder auch Kilkenny) vom Fass (4,25 €).
pl. Solny 5, T 071 344 60 15, www.pubguinness.pl, Tram Rynek, So–Do 12–2, Fr/Sa 12–4 Uhr

Nicht zuviel
Nagi kamerdyner ☼ Karte 3, aB 2
Musik und Fotos aus den 1920er- und 1930er-Jahren bilden im ›Nackten Kammerdiener‹ die Kulisse für den Anfang oder das Ende einer langen Nacht. Unter dem Stichwort »Zakąski, Przekąski« (dt. Häppchen, Vorspeisen) ist hier Ausgehen zum Festpreis angesagt: Ein Getränk kostet 4 Złoty (1 €), eine Portion Essen 8 Złoty (2 €). Im Angebot sind Bier, Wodka, Wein oder Kaffee, dazu gibt es (vorbeugend oder katertauglich) Schmalzbrot, Hering, Tatar oder Salzgurken.
ul. św. Mikołaja 8–11, T 071 342 00 11, www.nagikamerdyner.pl, Tram Rynek, tgl. ab 17 Uhr

Atmosphäre ist alles: Breslauer Klubs sind oft von Künstlern gestaltet.

Chillig

Papa Bar ☼ Karte 3, aB 2

Schick, schick – Schickeria? An der Theke der laut Eigenwerbung besten Bar der Stadt können Sie sich sehen lassen und Cocktails rauf und runter probieren – von klassisch über Latino bis gesund. Kleinigkeiten zum Teilen, Suppen, Salate, Snacks und Dips oder Hauptgerichte schaffen die passende Grundlage.

ul. Rzeźnicza 32/33, T 071 341 04 85, www. papabar.pl, Tram Rynek, Mo–Do 12–1, Fr 12–2, Sa 16–2, So 16–1 Uhr

Na zdrowie!

Przedwojenna ☼ Karte 3, aB 2

Gegenüber der Elisabethkirche gibt sich die ›Vorkriegs‹-Kneipe betont schlicht – so soll es hier in den 1920er-Jahren ausgesehen haben … Die Gäste bringen oft Stimmung mit: Alkoholpegel und Gesangsfreudigkeit hängen deutlich zusammen. Das Ambiente hat den Charme der Wirtschaftskrise der Zwischenkriegszeit, eine eher skurrile Form der Nostalgie, die sich tatsächlich am besten bei Wodka ertragen lässt.

ul. św. Mikołaja 81, T 07 91 12 05 25, www.face book.com/pages/Przedwojenna-Bistro/1359567 89794298, Tram Rynek, rund um die Uhr geöffnet

Al Capone lässt grüßen

Speakeasy ☼ Karte 3, aB 2

Anders als amerikanische Flüsterkneipen der 1920/1930er-Jahre braucht das Speakeasy keine Tarnung, die Gäste keine Empfehlung von Al Capone … Zu einem Glas Bier oder einer Tasse Kaffee, oder vielleicht dem Thema entsprechend: einer Bloody Mary lässt es hier gemütlich in internationalen Krimis schmökern.

Rynek 8, T 05 10 22 23 33, https://www.face book.com/SPEAKEASY-księgarnio-kawiarnia-kry minalna, Tram Rynek, So–Mi 12–0, Fr/Sa 12–2.30 Uhr

....

LIVEMUSIK

....

Rock it

Liverpool ☼ Karte 2, aB 4

Schon die blaue Neongitarre im Klublogo signalisiert Rockfans, dass sie hier richtig sind. Depeche Mode- und U2-, aber auch 1980er-Jahre-Abende und immer wieder Sonderkonzerte gibt es in diesem Kellerlokal.

ul. Świdnicka 37, T 502 84 04 06, www.liver pool.wroclaw.pl, Tram Rynek, Mi/Do 19–1, Fr/Sa 19–4 Uhr

Doggy Drinks
Browar Złoty Pies ☼ Karte 3, aC 2
Wer geht dem Hund auf den Grund?
Im Haus »Zum Goldenen Hund«
wird live gebraut – z. B. Biere wie
»Black Dog« (schwarzes Lagerbier),
»Pit Bull« oder »Bokser Lager«. Die
richtige Grundlage dazu liefert das
Restaurant mit bodenständigen Speisen
aus regionalen niederschlesischen
Produkten.
Rynek 41, T 05 70 22 12 12, http://www.
zlotypies.com/Tram Wita Stwosza, So–Mi 11–24,
Do–Sa 11–2 Uhr

Immer Wochenende
Łykend Klub Muzyczny
☼ Karte 2, aB 4
Łykend – so sieht es aus, wenn man
Weekend auf Polnisch schreibt. Motto
des alternativen Musikklubs: Weekend
die ganze Woche lang! Wer könnte
dagegen sein? Reggae, Folk, Shanty
oder Jazz mit Musikern aus der ganzen
Welt.
Podwale 37/38, www.facebook.com/Lykend
cklub, Tram Renoma, Mi–Sa 17–1 Uhr

Entspannt
Nietota Klub ☼ Karte 2, aB 3
Gestaltet im Stil der Krakauer Bohème
und benannt nach einem symbolisti-
schen Roman des Jungen Polen vor
hundert Jahren ist das Nietota einer
der Studentenklubs der Stadt. Gute
Livemusik (Rock, Pop, Jazz) regionaler
Künstler, Konzerte, Theateraufführungen
und DJ-Sets.
ul. Kazimierza Wielkiego 05 02 84 04 06,
www.nietota.pl, Tram Rynek, Mo–Sa 15–5,
So 16–2 Uhr

Surreal
Klub Salvador ☼ Karte 3, aB 3
Im Salvador finden Partys und
Konzerte im Dalí-Ambiente unter
dem Motto »Fiesta und Siesta für alle«
statt (Tequila 1,25 €). Sonntags ab
20 Uhr laufen außergewöhnliche
Filme jenseits des normalen Kino-
programms.
pl. Solny 16 (Eingang: ul. Szajnochy),
T 07 83 35 33 68, www.salvador.pl,

Tram Rynek, Mo–Fr ab 12, Sa/So ab 17 Uhr bis
zum letzten Gast

Immer was los
Stary Klasztor ☼ Karte 2, aC 2
In den mittelalterlichen, gotischen
Gewölben des »Alten Klosters« ist über-
raschend viel Platz – und entsprechend
viel los. Neben kulinarischen Angeboten
im Restaurant findet man hier eine große
Auswahl an kulturellen Highlights, Konzerte verschiedenster Stilrichtungen oder
auch Kabarett, fast täglich Programm.
ul. Purkyniego 1, T 05 19 89 47 69, www.stary-
klasztor.com.pl, Tram Now Targ, tgl. 13–1 Uhr

STADTTYPISCH

Hochkarätig alternativ
Firlej Music Meetings ☼ F 4
Kulturzentrum oder Klub – das Firlej ist
weit über Breslau hinaus bekannt für
ungewöhnliche Livemusik auf hohem
Niveau, Jazz, alternative Musik und
Kabarett polnischer und internationaler
Künstler (nur bei Veranstaltungen
geöffnet).
ul. Grabiszyńska 56, T 071 795 66 67, www.
firlej.wroc.pl, Tram Grabiszyńska, Zeiten
s. Programm

Immer weiter
Kontynuacja ☼ Karte 3, aB 3
Das neue Kontynuacja (dt. Fortsetzung)
hat mit 25 Sorten die größte Bieraus-
wahl in Breslau, vor allem aus kleinen
polnischen Brauereien. Die Besitzer
nehmen an historischem Ort in der
ul. Ofiar Oświęcimich, der früheren
Junkernstraße, die Tradition von Conrad
Kissling auf, der hier von 1888 bis 1945
›echtes bayerisches Bier‹ ausschenkte.
Kisslings Namenszug ist am Eingang
Nr. 15 noch erhalten und Krimiautor Marek Krajewski macht seinen
Kriminalkommissar Eberhard Mock in
den Breslau-Krimis zum Stammgast bei
Kissling … So ist das Bier bis heute mit
der Straße verbunden, die Erkundung
der heutige polnische Bierlandschaft
eine ›Fortsetzung‹ wert.

Wenn die Nacht beginnt

ul. Ofiar Oświęcimskich 17, T 07 92 40 00 84, https://www.facebook.com/kontynuacja, Tram Rynek, Mo–Do 14–1, Fr–Sa 14–2, So 14–0 Uhr

Mit Clark Gable im Rathaus
Pod Papugami Cinema Café & Restaurant ☼ Karte 3, aB 2
Auf verschiedenen Ebenen haben Sie im Restaurant ›Zu den Papageien‹ die Livebands im Blick. Marilyn Monroe und Clark Gable schauen von den Wänden aus zu, wenn Jazzbands (Mo/Do) spielen oder Sänger (Di/Mi) das Publikum unterhalten. Am Wochenende legen DJs auf.

ul. Sukiennice 9a, T 07 13 43 92 75, www.pod papugami.com.pl, Tram Rynek, Mo–So 12–23, Di–Do 12–0, Fr–Sa 12–1 Uhr

Ein Muss für Jazzfreunde
Vertigo Jazz Club & Restaurant ☼ Karte 3, aC 3
»Bester Jazzklub«, »Nirwana für Jazzenthusiasten« – so viel Begeisterung ist angebracht. Elegantes Design, angenehme Akustik, freundliche Atmosphäre und jeden Tag ab 20 Uhr Live-Jazz-Musik überzeugen (meist freier Eintritt, Reservierungen empfohlen). Das Vertigo hat mit V-Records sogar ein eigenes Label. Das Restaurant setzt auf Slow-Food. Hauseigene Vertigo-Cocktails wie Ella F., Saint Louis Blues oder Smooth Groove (ab 6 €).

ul. Oławska 13, T 07 13 36 24 29, www.vertigo jazz.pl, Tram Oławska, Di–So ab 18 Uhr

·····················

TANZEN
·····················

Hausparty
Domówka Klub ☼ Karte 3, aC 2
Hausparty und Disco gehen hier klar zusammen. In plüschigen Sofas können Sie sich für die nächste Runde ausruhen, fast wie zu Hause, nur mit ein paar Drinks mehr im Angebot …

Rynek 39, T 792 39 22 29, www.klubdomow ka.pl, Tram Rynek, Di–Sa 21–5 Uhr, Eintritt Fr 1,25 € (Frauen), 2,50 € (Männer), Sa einheitlich 2,50 €. Logen für 5–20 Pers. zu 50–200 € inkl. verschiedener Getränke; Reservierung, Tanzschuhe und entsprechendes Styling empfohlen.

Discofieber
Grey Music Club ☼ Karte 3, aB 2
Angesagter Klub für's Wochenende mit bekannten internationalen DJs und viel Tanzfläche. Eintritt ab 21 Jahren.

ul. Św. Mikołaja 8, T 0887 55 55 22, www.grey musicclub.pl, Tram Rynek, Fr–Sa 21–5 Uhr

Lange Nächte
Mañana Café ☼ Karte 3, aB 2
Auch wenn es keinen richtigen Tanzboden gibt – hier lässt sich niemand vom Tanzen abhalten. Die DJs Bedi (Musik-Motto: ›green gold vibrations‹), eR und MTM sorgen für den typischen Mañana-Sound, gemischt aus Musik der letzten 50 Jahre – Viva España!

ul. św. Mikołaja 8–11, T 071 343 43 70, www. mananacafe.pl, Tram Rynek, Mo–Mi 17–4, Do 17–5, Fr/Sa 18–7, So 18–3 Uhr

Laut und angesagt
Mundo 71 ☼ Karte 2, aB 2
Im lautesten Klub in der angesagten Niepold-Passage (▶ S. 49) kommen Sie auf Ihre Hip-Hop-Kosten in großzügigen, stylishen Sälen. Das Mundo 71 ist in der schnelllebigen Szene ein verlässlicher Ort, beliebt vor allem beim ganz jungen Publikum. Und wer irgendwann trotzdem genug hat, findet rundum Abwechselung in Hülle und Fülle!

ul. Ruska 51, T 08 85 01 55 00, www. mundoclub.pl, Tram Rynek, tgl. ab 20 Uhr

┌─────────────────────────────┐

KINO

Kino Nowe Horyzonty
☼ Karte 2, aB 3
Kino, Kunstgalerie, Café und Bistro, Festivalbüro der Kulturhauptstadt Breslau 2016 oder ganz einfach ein Treffpunkt – im Multiplexkino Nowe Horyzonty laufen viele außergewöhnliche Filme (auch internationale OmU), aber auch Übertragungen aus den großen Opernhäusern der Welt.

www.kinonh.pl, Tram Rynek

└─────────────────────────────┘

KULTUR PUR

Zu den Hauptmagneten des Kultur-lebens gehören die spektakulären Aufführungen der **Breslauer Oper.** (▶ S. 56). Bis zu 30 000 Zuschauer erleben Open-Air-Inszenierungen auf der Oder und an anderen, zu Freiluft-bühnen umfunktionierten Orten. Das Rathaus, die Kirchen, Theater, Biblio-theken und Museen, die Jahrhundert-halle und die Oderinseln sind ideale Schauplätze für außergewöhnliche Ereignisse, Festivals wie Wratislavia Cantans und Open-Air-Veranstaltun-gen. Das neue **Nationale Musik-forum** (▶ S. 42) ist ein weiterer attraktiver Schauplatz.

Breslau ist eine Bühne, und Theater ist immer ein Thema: Hier spielen das **Polnische Theater** (Teatr Polski, www.teatrpolski.wroc.pl), das **Breslauer Pantomimetheater** (Wrocławski Teatr Pantomimy, www.pantomima.wroc.pl), das auf den Tänzer, Regisseur und Mimen Henryk Tomaszewski (1919–2001) zurück-geht, das **Zeitgenössische Theater** (Teatr Współczesny, www.wteatrw.pl) und das **Puppentheater** (Teatr Lalek, www.teatrlalek.wroclaw.pl). Alle zwei Jahre kommen führende Theaterleute aus Polen und aller Welt zum **Inter-nationalen Theaterfestival Dialog Wrocław** (http://dialogfestival.pl) hierher.

Kartenvorverkauf: Tickets für Konzerte, Festivals, Theater- und Sportveranstaltungen sind an den Kassen der jeweiligen Veranstalter erhältlich oder werden über das Internet bestellt: www.eventim.pl, www.ticketpro.pl, www.biletin.pl. Außerdem können Sie in den Filialen von empik, MediaMarkt und Saturn Tickets kaufen. Aktuelle Veranstal-tungsinformationen in Polnisch unter: http://pik.wroclaw.pl

Hin & weg

… mit dem Flugzeug

Der **Internationale Nikolaus-Kopernikus-Flughafen** (Port Lotniczy im. Mikołaja Kopernika) liegt 10 km westlich vom Zentrum im Stadtteil Strachowice. Direktverbindungen gibt es von Dortmund, Düsseldorf, Frankfurt/Main und München. Informationen über Flugverbindungen: T 071 358 11 00, www.airport.wroclaw.pl,

Transfer in die Stadt: Der blaue WRO AIRPORT EXPRESS fährt in 30 Minuten ins Zentrum zum pl. Dominikański und zum Hauptbahnhof (2,50 € beim Fahrer bar/Kreditkarte), tagsüber im 50-Minuten-Takt, nachts stündlich. Fahrplan unter http://airport.wroclaw.pl/pasazer/dojazd/autobusem. Online-Ticket buchen unter: polbus.pl.

Mietwagen: Niederlassungen verschiedener internationaler Autovermietungen finden Sie direkt in der Ankunftshalle des Flughafens.

… mit der Bahn

Hauptbahnhof (Dworzec Główny PKP): ul. Piłsudskiego 105, T 071 717 21 07, http://.pkpsa.pl

Die Deutsche Bahn bietet Spezialtarife für Polen an. Auskünfte gibt es beim Reiseservice der Deutschen Bahn unter T 118 61, www.bahn.de, bei den Österreichischen Bundesbahnen ÖBB unter T 05 17 17, www.oebb.at, sowie bei den Schweizerischen Bundesbahnen SBB unter T 0900 300 300, www.sbb.ch.

Transfer in die Stadt: Bis zum Rathaus sind es 2 km zu Fuß, mit den Straßenbahnlinien 8, 9 oder 11 gelangen Sie in wenigen Minuten ins Zentrum.

… mit dem Bus

Zentraler Busbahnhof (Dworzec Autobusowy PKS): ul. Sucha 1/11, https://polbus.pl, T 0801 83 30 00.

Der neue unterirdische Busbahnhof im Wroclavia-Einkaufszentrum gleich hinter dem Hauptbahnhof macht angenehmes Ankommen bei jedem Wetter möglich. Internationale Linienbusverbindungen

Durchblick gefällig? »Man sieht nur, was man weiß.«

nach Breslau bieten auch an: www. touring.de, www.sindbad.eu

… mit dem PKW

Ohne Grenzkontrollen gelangen Sie über Forst bzw. Görlitz auf der Autobahn A4 nach Breslau. Führerschein, Zulassungsbescheinigung Teil 1 sind erforderlich. Ist der Fahrer nicht der eingetragene Fahrzeughalter, muss er eine Nutzungsbevollmächtigung vom Fahrzeughalter mitführen. Eine Mustervollmacht bietet die Internetseite der polnischen Botschaft zum Herunterladen. Ich empfehle Ihnen die Mitnahme der Internationalen Grünen Versicherungskarte, da sie als Versicherungsnachweis dient und z. B. bei einem Unfall die Abwicklung erleichtert. Die **Höchstgeschwindigkeit** in geschlossenen Ortschaften beträgt 50 km/h, auf Landstraßen 90 km/h, auf Autobahnen 140 km/h. Ganzjährig wird mit Abblendlicht gefahren, beim Parken im Dunkeln ist das Standlicht einzuschalten. Die Blutalkoholwerte dürfen 0,2 Promille nicht übersteigen. Telefonieren ohne Freisprechanlage ist verboten. Kinder bis 12 Jahren bzw. unter 150 cm müssen einen zugelassenen Kindersitz benutzen.

EINREISEBESTIMMUNGEN

Ausweispapiere: Bei Aufenthalten bis zu 90 Tagen haben EU-Bürger einen gültigen Personalausweis oder Reisepass mit sich zu führen, dies gilt auch für Kinder. Für Schweizer Staatsbürger gelten entsprechende Bedingungen. **Ein- und Ausfuhr:** Gegenstände des persönlichen Gebrauchs dürfen innerhalb der EU ein- und ausgeführt werden. Antiquitäten, Kunstwerke oder Bücher, die vor 1945 entstanden sind, dürfen nur ausgeführt werden, wenn eine Genehmigung des Woiwodschafts-Denkmalschutzamtes (Wojewódzki Konserwator Zabytków) vorliegt (wird in der Regel vom Antiquitätenladen beantragt). Bei der Rückreise dürfen maximal 800 Zigaretten oder 400 Zigarillos oder 200 Zigarren oder

1000 g Rauchtabak pro Person für den eigenen Gebrauch steuerfrei nach Deutschland eingeführt werden.

HAUSTIERE

Wenn Sie Hund oder Katze mitnehmen möchten, sind Sie verpflichtet, einen EU-Heimtierausweis mitzuführen, der vom Tierarzt in Deutschland ausgestellt wird. Für Hunde ist der Nachweis einer gültigen Tollwutimpfung erforderlich. In öffentlichen Verkehrsmitteln und überall, wo sich viele Menschen aufhalten, sind Hunde generell anzuleinen.

GELD

Die polnische Währungseinheit ist der Złoty. Scheine sind im Wert von 10, 20, 50, 100 und 200 Złoty im Umlauf, Münzen zu 1, 2, 5, 10, 20, 50 Groszy und 1, 2 und 5 Złoty. Von einer zügigen Einführung des Euro geht derzeit niemand aus. Trotzdem können Sie in manchen Restaurants in Euro zahlen, manche Hotels geben ihre Preise in Euro an. Geld erhalten Sie in Banken, vor allem aber in Wechselstuben *(kantor)* oder an Geldautomaten *(bankomat)*, die es vorwiegend in der Altstadt oder in Einkaufszentren gibt. An Bahnhöfen, Flughäfen oder Grenzübergängen sowie sonntags oder nachts bieten die Wechselstuben schlechtere Kurse. Gängige Kreditkarten werden in Hotels, Restaurants und Geschäften akzeptiert. **Wechselkurs:** 1 € = 4,29 PLN, 1 CHF = 3,75 PLN; 1 PLN = 0,23 €, 1 PLN = 0,26 CHF (Stand: Oktober 2018). Aktuelle Kurse unter: www.xe.com; www.oanda.com

GESUNDHEIT

Krankenkassen aus dem EU-Ausland übernehmen in der Regel die Behandlungskosten in Polen (vorher erkundigen). Eine zusätzliche Auslandskrankenversicherung ist jedoch zu empfehlen. Das

Apothekenzeichen ist ein weißes Kreuz auf grünem Grund. Im Zentrum ist bis 21 Uhr geöffnet: **Apteka Pod Podwójnym Orłem,** Rynek 42, T 071 343 44 28.

INFORMATIONEN

The Meeting Point: Rynek 14 (Karte 3, aB 2), T 071 344 31 11, www.wroclaw-info.pl, tgl. 9–19 Uhr. Dies ist die Anlaufstelle für alle Fragen rund um Ihren Aufenthalt: Hier erhalten Sie Informationen, Kartenmaterial und Publikationen über Breslau und Niederschlesien, Hotelreservierungen, Führungen, Souvenirs, Fahrradverleih, Autovermietung.
Zwergen-Infopunkt (Krasnalowa Informacja Turystyczna): ul. Sukiennice 12 (Karte 3, aB 2), T 071 342 28 98, www.wroclaw-info.pl, tgl. 10–18 Uhr. Hier gibt es Informationen und Publikationen über Breslau und Niederschlesien, Ticketverkauf für Kulturveranstaltungen, Souvenirs, CDs von Breslauer Bands, Kaffee und kostenlosen Internetzugang.
Centrum informacji turystycznej i rowerowej: ul. Św. Antoniego 8 (Karte 2, aB 3), T 071 346 15 34, http://dzielnica4wyznan.info.pl, tgl. 9–20 Uhr. Hier bekommen Sie Informationen, Stadtführer und Routenvorschläge rund um das Viertel der gegenseitigen Achtung. Außerdem ist dies ein wichtiger Punkt für Radfahrer (Fahrradverleih, Routenvorschläge, Tipps) – und ganz nebenbei als Bike Café auch eine nette Kneipe (www.facebook.com/wroclaw.bike.cafe, tgl. 9–0 Uhr).

LINKS

www.wroclaw.pl: Die Internetseite der Stadt Breslau mit Übersetzung ins Deutsche bietet umfassende und aktuellste Informationen rund um Ihren Aufenthalt, einen Stadtplan und Suchoptionen (Theater, Institutionen etc.) für Touristen, Geschäftsleute, Investoren.

www.wroclaw.pl/go/veranstaltungen: Hier finden Sie aktuelle Veranstaltungen im Überblick und auf Deutsch.
www.local-life.com/wroclaw: englischsprachiger Reiseführer
www.inyourpocket.com/wroclaw: Internetausgabe des Stadtführers »Wrocław in your pocket«.
www.araw.pl: Die Agentur der Gemeinden von Breslau ist Ansprechpartner für Firmen und Geschäftsleute.
www.convention.wroclaw.pl: Für Konferenzen, Kongresse, außergewöhnliche Ereignisse in Breslau oder Niederschlesien bietet das Convention Bureau Informationen und Unterstützung.
http://dolny-slask.org.pl: Mit vielen Fotografien und Kartenmaterial dokumentieren die Freunde der Stadt (Amici Wratislaviae) die Entwicklung Breslaus und Niederschlesiens unter urbanistischen und architekturgeschichtlichen Aspekten gestern und heute.

REISEN MIT HANDICAP

Informationen und Hilfe erhalten Sie bei der Behinderten-Organisation **Wrocławski Sejmik Osób Niepełnosprawnych,** ul. św. Antoniego 36/38 (Karte 2, aA 2), T 071 344 17 34, www.wson.wroc.pl, Mo–Fr 10–16 Uhr. Bei Bedarf bieten die städtischen Verkehrsbetriebe für Reisende mit Handicap einen Transportservice an: MPK-Taxi T 071 329 00 69, Mo–Fr 6–22 Uhr, oder wenn möglich unter busy@mpk.wroc.pl drei Tage vorher bestellen. Hotels, öffentliche Gebäude oder Museen sind in der Regel barrierefrei.
Für **Blinde** wurden vor wichtigen Sehenswürdigkeiten wie Dom oder Oper Bronzemodelle der Gebäude mit Informationen in Brailleschrift (Polnisch) aufgestellt.

SICHERHEIT UND NOTFÄLLE

In Breslau dürfen Sie sich sicher fühlen – trotzdem sollten Sie bei

Rufen Sie Ihr Taxi per Telefon – das ist sicherer und günstiger.

Menschenansammlungen auf dem Bahnhof, auf Märkten oder im Stadion aufmerksam sein.

Wichtige Rufnummern

Notruf: T 112 (Polizei, Feuerwehr, Ambulanz)

Sperrung von EC- und Kreditkarten bei Verlust oder Diebstahl: T +49 116 116. Reisende aus Österreich und der Schweiz sollten sich vor Reiseantritt bei ihrer Bank nach einer Servicenummer für den Notfall erkundigen.

UMWELTFREUNDLICH UNTERWEGS

Die meisten Sehenswürdigkeiten Breslaus befinden sich in der Altstadt und sind gut zu Fuß zu erreichen. Trotzdem gibt es eine Vielzahl von anderen Möglichkeiten, sich durch die Stadt zu bewegen.

… mit Bus und Straßenbahn

Im Innenstadtbereich kommen vorwiegend Straßenbahnen zum Einsatz, am Stadtrand und zum Flughafen oder nachts Busse. Der öffentliche Nahverkehr ist gut ausgebaut (inkl. Bus-Nacht-

linien zwischen 23 und 5 Uhr). Jedoch muss aufgrund von Bauarbeiten immer wieder kurzfristig mit Streckenänderungen bzw. Umleitungen gerechnet werden (aktuelle Informationen dazu auf der Website www.wroclaw.pl/ schematy-komunikacji-zbiorowej).

Fahrscheine gibt es an Kiosken oder Automaten an größeren Haltestellen. Sie müssen bei Fahrtantritt entwertet werden. **Und bitte beachten:** Nach jedem Umsteigen ist ein neuer Fahrschein für 3,40 zł/0,80 €) nötig. Günstige 1-Tages- bis 7-Tage-Tickets gibt es am Automaten (11, 20, 26 und 46 zł, erm. die Hälfte. Erklärungen auch auf Deutsch.). Auch diese Karten müssen bei der erstmaligen Benutzung entwertet werden. Aktuelle Fahrpläne finden Sie jederzeit auf der Website der Stadt: www.wroclaw.pl/rozklady-jazdy

… mit dem Taxi

Taxis sollten Sie am besten telefonisch bestellen, das ist günstiger. Ich empfehle Partner Taxi 071 196 27; MPT Radio Taxi 071 19191 ist auch in der Altstadt erlaubt.

O-Ton Breslau

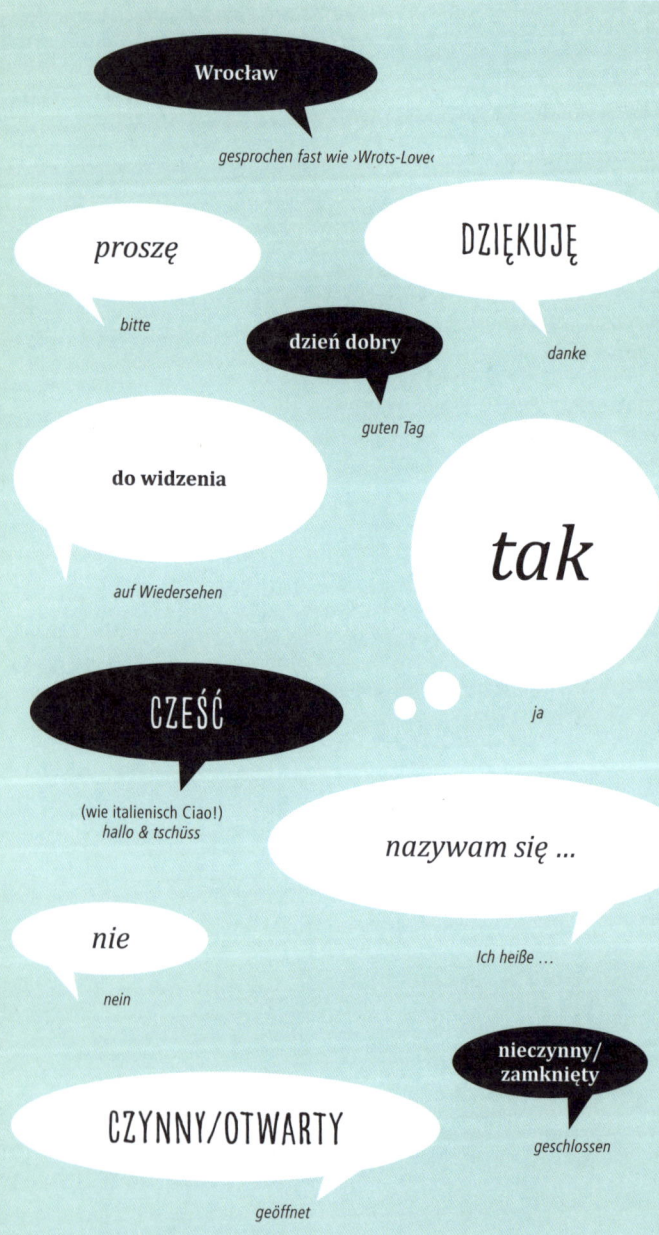

Register

Register

Das Klima im Blick

Reisen bereichert und verbindet Menschen und Kulturen. Wer reist, erzeugt auch CO_2. Der Flugverkehr trägt mit bis zu 10 % zur globalen Erwärmung bei. Wer das Klima schützen will, sollte sich – wenn möglich – für eine schonendere Reiseform entscheiden oder die Projekte von atmosfair unterstützen. Flugpassagiere spenden einen kilometerabhängigen Beitrag für die von ihnen verursachten Emissionen und finanzieren damit Projekte in Entwicklungsländern, die dort den Ausstoß von Klimagasen verringern helfen (www.atmosfair.de). Auch die Mitarbeiter des DuMont Reiseverlags fliegen mit atmosfair!

Abbildungsnachweis

Marcin Biodrowski, Breslau: S. 14/15

Ralf Freyer, Freiburg: S. 27, 40, 86

Getty Images, München: S. 101 (Kober); 72 (Skarczynski/Staff); Titelbild, Faltplan (Villalba)

Łukasz Giza, Breslau: S. 120/4

Glow Images, München: S. 64 (imagebroker)

iStock.com, Calgary (Kanada): S. 97 (Laska); 8/9 (nikonenkot)

laif, Köln: S. 7, 30, 44, 75, 94 (Boening); 36 (Bulgarelli); 4 unten, 20, 21, 23 oben, 24, 28, 32, 33, 39, 46, 59, 68, 73, 85, 93, 106, 110, 120/2 (Hirth); 49 (Lach/NYT/Redux)

Maria Luft, Bremen: S. 16/17, 41, 90, 98, 120/5, 120/9

Mauritius Images, Mittenwald: S. 4 oben, 35, 104 (Alamy/ALLTRAVEL); 56 (Alamy/Bildarchiv Monheim GmbH); 51 (Alamy/Bognar); 23 unten (Alamy/Bradley); 120/1 (Alamy/CTK); 77 (Alamy/EuropeanCityCorner); 63 (Alamy/Gniadek); 67 (Alamy/Harding); 87, 89 (Alamy/AdventurePictures/Hmielewicz); 29 (Alamy/Kirsch); 61 (Alamy/Kober); Umschlagklappe hinten (Alamy/ Magierowski); 58 (Alamy/Nowak); 25 (Alamy/Pjr Travel); 102 (Alamy/shapecolour); 62 (Alamy/Zajac); 52 (Cash); 37 (Flüeler); 120/6, 120/8 (United Archives)

Neues Musikforum, Breslau: S. 42 (Łukasz Rajchert)

picture-alliance, Frankfurt a. M.: S. 120/7 (akg images); 70, 113 (Burgi); 48 (Fishman); 78/79 (Krafczyk); 54, 69, 80, 88, 92 (Kulczynski)

Marcin Oliva Soto (Kulturhauptstadt Breslau 2016), Breslau: S. 12/13

Urząd Miejski Wrocławia, Wrocław: S. 55, 109, 120/3

Zeichnungen Umschlagklappe vorn, S. 2, 11, 26, 29, 38, 55, 60: Gerald Konopik, Fürstenfeldbruck

Zeichnung S. 5: Antonia Selzer, Lörrach

Kartografie

DuMont Reisekartografie, Fürstenfeldbruck

© DuMont Reiseverlag, Ostfildern

Umschlagfotos

Titelbild: bunte Häuser am Ring in Breslau

Umschlagklappe hinten: Gitarristen auf dem Thanks Jimi Festival

Hinweis: Autorin und Verlag haben alle Informationen mit größtmöglicher Sorgfalt geprüft. Gleichwohl sind Fehler nicht vollständig auszuschließen. Alle Angaben erfolgen ohne Gewähr. Bitte schreiben Sie uns! Über Ihre Rückmeldung zum Buch und Verbesserungsvorschläge freuen sich Autorin und Verlag:
DuMont Reiseverlag, Postfach 3151, 73751 Ostfildern, info@dumontreise.de, www.dumontreise.de

2., aktualisierte Auflage 2019
© DuMont Reiseverlag, Ostfildern
Alle Rechte vorbehalten
Autorin: Maria Luft
Redaktion/Lektorat: Sebastian Schaffmeister, Sabine Zitzmann
Bildredaktion: Sebastian Schaffmeister, Stefan L. Scholtz
Grafisches Konzept: Eggers+Diaper, Potsdam
Printed in China

Kennen Sie die?

Olga Tokarczuk

Breslau ist die Wahlheimat der vielfach ausgezeichneten und auch in Deutschland bekannten polnischen Schriftstellerin, die sich gerne auch einmal in aktuelle Diskussionen einmischt.

Herzensgut

Wer schließt den Bronzezwerg mit der Sonnenblume (und gelegentlicher Extrablüte) nicht in sein Herz? Er kommt gerne mit auf's Selfie. Sie finden ihn neben dem Brunnen am Ring.

Marek Krajewski

Seine Breslau-Krimis über die 1930er-Jahre sind Kult: detailgetreu recherchiert, psychologisch ausgeklügelt, spannend. Erkunden auch Sie auf den Spuren seines Kommissars Mock die Stadt!

Bente Kahan

Die norwegische Schauspielerin und Sängerin kam 2001 nach Breslau und bringt seither mit jiddischen Liedern, Klezmer-Musik und Festivals Schwung in das jüdische Leben der Stadt.

Street-Art-Schlösserfrau

Wie die Oder an der Dombrücke, so verschlingt auch die Dame im Schlösserkleid auf der Vorderbleiche jährlich Tausende Schlüssel von Liebesschlössern.

Ferdinand Lassalle

Der temperamentvolle Breslauer war einer der Gründerväter der Sozialdemokratischen Partei Deutschlands. Der schönen Helene von Dönniges wegen duellierte er sich – und starb.

Angelus Silesius

Der Arzt und Barockdichter mahnte zur Vorsicht: »Mensch, geh' nur in dich selbst, / denn nach dem Stein der Weisen / darf man nicht zuallererst / in fremde Länder reisen.«

Dietrich Bonhoeffer

Der gebürtige Breslauer dichtete »Von guten Mächten wunderbar geborgen, erwarten wir getrost, was kommen mag« und wurde für seinen Widerstand gegen den Nationalsozialismus hingerichtet.

Neon-Löwe

In der ›Stadt der Begegnungen‹ lädt der König der Tiere zu wilden Begegnungen ein. Auf geht's! Seit den 1960er-Jahren sitzt der Neon-Löwe über dem Eingang des Breslauer Zoos.